LES SOUVERAINS

DE L'EUROPE.

DOM MIGUEL.

MAHMOUD II.

Empereur des Turcs.

GUILLAUME Iᵉʳ

Roi des Pays-Bas.

LES
SOUVERAINS

DE L'EUROPE EN 1830,

ET

LEURS HÉRITIERS PRÉSOMPTIFS;

LEURS GOUVERNEMENS, LEURS CABINETS,
LEURS AMBASSADEURS, LEURS CHARGÉS D'AFFAIRES
, DANS DIVERSES COURS.

Avec Portraits.

Les rois sont faits pour les peuples,
et non les peuples pour les rois.

Bossuet.

PARIS,

B. RENARD, RUE TRAVERSIÈRE;

LONDRES,

TREUTTEL ET WURTZ, DULAU ET COMP.;

BARTHÈS ET LOWELL.

—

1830.

AVIS DE L'ÉDITEUR.

Des considérations particulières me déterminèrent à faire imprimer à Londres, il y a un an, la première partie de cet ouvrage, véritable *pasticcio* politique à la composition duquel ont coopéré au moins vingt écrivains de différentes nations. Des considérations semblables m'ont décidé, cette année, à livrer cette seconde partie aux presses françaises. Je ne désespère pas, en 1830, de trouver à Vienne quelque imprimeur de bonne volonté qui se chargera de la 3me partie ; peut-être même que, si, contre toute attente, le trône de Mahmoud était encore debout en 1831, je serais homme à faire imprimer à Constantinople la 4me partie de ce manuscrit destiné à se reproduire d'année en année.

Au reste, quelques obstacles que rencontre la publication des ouvrages qui

traitent d'intérêts aussi délicats, je pense
qu'il se trouvera toujours bien, dans la
vieille Europe, quelque coin de terre où
les plus sages d'entre les monarques tien-
dront à honneur et à profit d'offrir un
asile à la vérité, de la recevoir et de la
protéger. Où sera cet asile et quels seront ces
monarques? Lisez, lecteur, et prononcez :
les pièces sont devant vos yeux.

AVANT-PROPOS.

Ce n'est point un ouvrage neuf que nous offrons au public ; c'est la suite de celui qu'il a honoré, il y a dix-huit mois, de l'accueil le plus favorable, et auquel aucun genre de succès n'a manqué, puisqu'en obtenant les suffrages des amis de la vérité et l'assentiment du petit nombre de princes qui ne règnent que pour le bonheur des hommes, il méritait en même temps l'honneur d'une persécution sourde de la part de certains ministres qui, nous le concevons fort bien, ne doivent pas aimer les portraits ressemblans. Le respect religieux d'un prince constitutionnel pour la loi fondamentale donnée par lui-même, a été notre sauve-garde, et la confiance qui nous avait porté à dévoiler des *vérités* hardies, n'a point été trompée. Toutefois, nous l'avouerons, nous avions peu de motifs d'inquiétude en parlant, à la face de l'Europe, d'évènemens presque tous connus d'elle, et nous présumions assez favorablement de la sagesse de ses souverains et de celle de leurs cabinets, pour penser qu'ils ne nous mettraient pas dans la nécessité d'entrer, pour notre propre justification et devant les organes de la justice, dans des explications et des développemens qui ne nous eussent pas permis de craindre d'être condamnés comme calomniateurs Quoi qu'en disent quelques écrivains stipendiés des cabinets de Vienne, de Londres, de Paris, de Lisbonne, etc., le scandale n'est pas dans la publicité des crimes ou des actes honteux : il est tout entier dans ces crimes et dans ces actes. Mille ouvrages brûlés par la main du bourreau; autant d'historiens précipités dans les cachots de la politique, livrés aux tortures ou assassinés sur les échafauds pour y expier le courage d'avoir révélé les forfaits de quelques tyrans ou la sanglante hypocrisie de quelques cabinets, ne feront pas qu'un fait ne soit un fait : seulement ils grossiront d'un attentat de plus les pages de l'histoire.

« Je vous défends », disait un Empereur de la Chine à l'historiographe de l'empire qui avait raconté de lui un fait dont la publicité avait déplu au monarque, « je vous défends de rapporter désormais mes actions et mes paroles. » Et comme le mandarin continuait de prendre des notes en la présence même du prince, « que faites-vous là, » lui dit celui-ci ? « Sire » répondit le mandarin sans s'émouvoir « j'enregistre votre défense. » Leçon sublime et qui ne devrait jamais s'effacer de la mémoire des princes, de ceux du moins assez heureusement nés pour attacher quelque prix au respect, à l'amour, à la reconnaissance de leurs contemporains et à l'opinion de la postérité.

ANGLETERRE.

ANGLETERRE.

GEORGES IV, ROI.

Canning avait à peine fermé les yeux que la faction
dont les outrages venaient de le faire descendre au
tombeau ne s'occupait que des moyens d'envahir son
héritage. Il fallait, pour y réussir, désorganiser l'administration formée par le grand ministre, décou-
rager ses membres, exciter l'oligarchie contre leurs
personnes et leur système qui n'était que la continuation de celui de Canning, et rappeler l'attention
du peuple et du monarque sur le duc de Wellington, l'adversaire le plus décidé de ce système,
l'ennemi personnel de Canning, le conspirateur le
plus hardi contre la liberté de sa patrie et celle de
tous les peuples. Lié par les promesses et les engagemens les plus authentiques, par les sermens
les plus solennels, prononcés en quelque sorte
devant le lit de mort de son ministre, George IV,
obsédé par les mêmes hommes qui naguère avaient
méconnu l'autorité royale et insulté le monarque,
mais préférant un repos sans gloire aux nobles travaux du gouvernement, ne tarda pas à éprouver le

besoin de s'en remettre à d'autres du soin de conduire les affaires, et témoignaient, aux ministres que lui avait légués Canning, et qui, nous devons l'avouer, manquaient également de la puissance de volonté et de la force de caractère indispensables pour diriger la politique d'un grand empire, combien il était las de la nécessité où ils le plaçaient à tout instant de prendre des résolutions sur les grandes affaires qui lui étaient soumises, et d'opposer une volonté forte et persévérante aux intrigues toujours renaissantes et plus actives des hommes qui, sous les apparences d'un désintéressement dont on a vu depuis ce qu'il fallait penser, ne cessaient, dans la chambre des pairs et dans celle des communes, où ils s'étaient formé un parti redoutable de toutes les médiocrités que Canning avait dédaignées, de harceler le ministère afin de l'amener à se désorganiser lui-même. Avec des hommes tels que lord Goderich, lord Lansdown, le duc de Portland, lord Dudley and Ward, M. Tierney et lord Palmerston, aussi étrangers à l'intrigue, aussi indépendans par caractère que par position, et pour qui les travaux ministériels n'étaient qu'une charge dont leur amour pour leur pays avait pu seul les résoudre à se charger, le succès d'un semblable système était certain. L'homme nécessaire, ou du moins celui que la faction appelait ainsi, était toujours là. George IV, à qui l'habitude avait inspiré une sorte d'affection pour lui, bien que cette affection ne fût pas tout-à-fait exempte de crainte, et qui d'ailleurs considérait le duc de Wellington comme une des colonnes de son empire, finit enfin par ne voir que lui de capable de supporter le fardeau des affaires, et, vaincu par les sollicitations de l'insolente oligarchie qu'il n'avait eu, quelque temps auparavant, ni la force de réprimer ni celle de punir, appela dans son conseil, dix-huit mois après la mort de Canning, celui dont toutes les pensées, tous les discours écrits et privés, toutes les démarches publiques et secrètes, n'avaient eu pour but, depuis plusieurs années, que de détruire pièce à pièce la grande œuvre politique que ce puissant génie n'avait eu que le temps d'ébaucher, mais dont l'Angleterre avait déjà recueilli tant de gloire, de si grands avantages à la reconnaissance du genre humain. L'ignorance et la mauvaise foi ont pu seules contester d'aussi grands résultats; mais l'histoire les a déjà inscrits sur ses pages immortelles. Gouverné par Canning, parce qu'il est dans sa nature de l'être, George IV le fut du moins avec honneur par cet habile ministre, qui mettait sa gloire à convaincre son prince, et n'exigeait pas de lui cet asservissement à ses idées, que le premier ministre, dont un vaste génie pourrait tout au plus faire pardonner l'arrogance et le despotisme, impose même à son souverain. Ce n'est pas que George IV, qui ne manque ni d'esprit ni d'un juste sentiment de toutes les convenances, ne se trouve, au fond, humilié du joug qui lui est imposé, et surtout des commentaires, insultans pour sa couronne, auxquels cette faiblesse donne lieu de la part de ses peuples; ceux-ci ont pris tant de soin de l'en instruire, et les preuves qui en couvrent les murs de Londres en ont été si souvent sous ses yeux, qu'il ne peut se faire aucune illusion sur l'état de déconsidération dans lequel, avec tant de moyens de se faire respecter et chérir, il est tombé pour ne plus s'en relever. Il faut le dire, après tout: l'apathie de ce prince est telle, son aversion pour toute espèce de travail et de contention d'esprit est portée si loin, le mépris pour l'opinion publique est tellement devenu en lui, dès ses premières années, un principe et en quelque sorte une règle de conduite, qu'il ne sortirait qu'à regret et comme malgré lui-même, de cet état d'insouciance et d'incurie qui, dans ce siècle où triomphe, dit-on, la légitimité, est considéré par quelques monarques comme l'une des plus douces prérogatives de leur couronne.

Ce qui vient d'être dit démontre que la nomination du duc de Wellington au premier ministère a

trouvé dans la volonté de George IV beaucoup
moins de résistance qu'on ne l'avait dit d'abord,
si toutefois un arrangement secret n'était pas con-
clu depuis long-temps entre le monarque et le
général. Mais des promesses formelles avaient été
faites de continuer le système de l'administration
de Canning pour lequel l'Angleterre, moins son
oligarchie, témoignait le plus vif enthousiasme,
et, pour mieux tromper le public, il fallait commencer par tromper le ministère de lord Goderich,
projet auquel l'inconcevable inertie de ce ministère semblait prêter les mains et que lui seul paraissait ne pas apercevoir, lorsqu'en Angleterre et
à l'étranger, il était évident, pour ceux qui avaient
quelque connaissance des affaires, que tout marchait au renversement des principes de Canning,
et qu'on n'attendait que l'instant où le public, fa-
tigué de la faiblesse et des tergiversations d'un
ministère auquel tout le monde s'accordait à reconnaître plus de patriotisme et d'honneur que
d'habileté, se montrerait tout-à-fait indifférent à
la chute pressentie de son administration, tombant
d'elle-même et comme accablée sous le poids de
sa propre nullité. Tout ce qui se passa à cette
époque, les allées et venues de lord Goderich à
Windsor; les incertitudes de George IV, appa-
rentes sous quelques rapports, réelles sous d'autres;

les aveux faits par les ministres dans les deux chambres; les résistances simulées du duc de Wellington, qui, pour mieux tromper l'opinion publique,
paraissait repousser, au moment de le saisir, un
pouvoir que, dix-huit mois auparavant, dans sa
correspondance et en plein parlement, il s'était déclaré incapable d'exercer: toutes ces circonstances,
dont aucune ne pouvait être ignorée de George IV,
prouvent que, dans un but qui sans doute était patriotique, car nous ne nous pardonnerions pas de
lui en supposer un autre, ce prince agissait de concert avec celui qu'il allait charger du soin de lui
former un ministère à la suite de la démission de
lord Goderich, à qui les procédés dont on usait à
son égard rendaient la continuation de ses fonctions
impossible. Ainsi finit une administration à laquelle
les intentions les plus nobles, dépourvues des seuls
avantages qui peuvent permettre à ces qualités de
n'être pas stériles, ne purent concilier ni la confiance de George IV, à qui il fallait des hommes
qui gouvernassent par eux-mêmes et peut-être d'a-
près d'autres principes; ni les regrets de la nation,
témoin de l'inutilité de leur zèle et de l'impuis-
sance de leurs efforts.

Rien n'est plus embarrassant pour l'historien que
d'écrire les annales des princes placés à la tête des gouvernemens représentatifs, et particulièrement de

celui d'Angleterre, où la volonté personnelle du prince est tout-à-fait en dehors, quant au droit, de tous les grands actes politiques; où du moins cette volonté personnelle ne s'exerce que par in-fluence. Toutefois, la disposition constitutionnelle qui réserve exclusivement au prince la nomination de ses ministres, fait assez connaître, par le seul choix de ces ministres, quelle est sa pensée personnelle; nous croyons même qu'en suivant cette trace, il est impossible de s'égarer; car, quelle preuve plus évidente de cette pensée que les actes d'une administration qu'il est en son pouvoir de dissoudre du moment où il la croit en opposition avec les intérêts nationaux? la conserver c'est évidemment s'identifier avec elle; c'est s'associer à la responsabilité morale qui pèse sur elle.

En partant de ce principe, qui toutefois n'est pas sans quelques modifications, puisqu'il est des circonstances rares où le monarque britannique se voit dans la nécessité d'adopter, sans les partager, les opinions de ses ministres, nous aurons peu de peine à bien saisir la pensée intime de George IV, et à juger jusqu'à quel point cette pensée fut constamment d'accord avec les actes de son gouvernement auxquels il apposa sa sanction, et dont quelques-uns ont, dans des circonstances récentes, paru offrir d'étranges contradictions. La politique de son premier ministre nous guidera dans cet examen.

Cet homme qui a donné, sur les champs de bataille du Portugal et de l'Espagne, des preuves d'une grande habileté militaire et n'a laissé en France que de funestes traces de son passage, s'est particulièrement fait remarquer, pendant son séjour à Paris, par l'absence la plus entière des hautes vertus sans lesquelles il n'est point de grands hommes : nous voulons dire, le respect et la protection au courage malheureux et la religion de la confraternité d'armes. La spoliation de la France et l'assassinat légal de ses généraux, défendus par des capitulations, se rattacheront éternellement au nom du duc de Wellington, comme la destruction de ses monumens à celui de Blucher. L'Angleterre n'avait en Wellington qu'un guerrier rival de gloire des illustres généraux de la France ; mais ce n'était pas assez pour elle, dans les circonstances où elle se trouvait placée. A la tête de la coalition de l'Europe, ce n'était pas seulement d'un guerrier qu'elle avait besoin pour l'opposer à la politique de ses alliés ; il lui fallait un grand homme, et ce fut de ce nom qu'elle salua l'heureux général, auquel les mémoires d'Henriette Wilson devaient décerner un jour un nouveau genre de célébrité.

Quoi qu'il en soit, le duc de Wellington fut

nommé premier ministre ; il le fut par la faction oligarchique dont il était le plus ferme soutien, et avec laquelle il avait travaillé depuis si long-temps à la ruine de Canning et de son système ; il le fut malgré ses professions de foi, si souvent renouvelées, de n'accepter jamais de fonctions publiques, et dans le temps même, qu'à la face de l'Angleterre, il venait de se reconnaître incapable de les remplir.

Il resta surtout évident pour le pays et à l'étranger, où les débats parlementaires de la précédente session et de la session maintenant assemblée étaient présens à tous les souvenirs, que les longs refus du premier ministre n'avaient été qu'un jeu et une déception, lorsqu'on apprit que, depuis l'époque où le nom du duc avait été prononcé pour la première fois comme devant prendre place dans une nouvelle administration, il était continuellement appelé à Windsor par le Roi, et qu'il y était consulté pour former cette administration à l'instant même où la démission de lord Goderich était, si ce n'est exigée expressément, du moins rendue inévitable par la nature des procédés dont on usait à son égard. L'incertitude ne dura que peu de jours ; mais ce ne fut pas sans une grande surprise et sans un grand mécontentement que la nation toute entière apprit le nom du successeur de Canning, et le renversement d'un système auquel la nation britannique attachait déjà tant d'idées de bonheur et de gloire, et que les peuples des deux mondes considéraient comme une ère nouvelle de réconciliation et de prospérité. Si ce fait pouvait être contesté, nous en appellerions à la presqu'unanimité des journaux de ce temps. Jamais larmes ne furent plus sincères, jamais deuil ne fut plus universel, jamais craintes sur l'avenir ne furent plus vivement senties et plus hautement manifestées. Elles le furent même à tel point, qu'effrayé, subjugué par une opinion toute puissante, le duc de Wellington se vit forcé, dès les premiers instants de son pouvoir, de déclarer et de faire déclarer par ceux des anciens ministres qu'il avait conservés dans la nouvelle administration, « que rien ne serait changé à la politique qui avait été suivie depuis deux ans. » La nation le crut et se calma ; mais à peine le premier ministre se jugea-t-il mieux affermi au pouvoir que tout changea de face, et que celui des ministres (M. Huskisson) qui avait parlé ou cru parler en son nom, disparut avec le système dont il était l'un des auteurs et des soutiens les plus sincères et les plus éclairés.

Personne n'a oublié, sans doute, que ce même ministre sollicita vivement alors, de George IV, une audience qui lui fut constamment refusée jusqu'au moment où sa démission eut été remise dans les mains du duc de Wellington. Il est difficile de ne pas voir ici l'accord le plus intime entre le monarque et le ministre. Ce qui ne saurait être contredit, c'est que la conduite perfide du duc inspira, dans cette circonstance, un dégoût et une indignation qui se manifestèrent de toutes parts, mais dont il feignit de ne pas s'apercevoir, le projet qu'il avait formé de faire disparaître jusqu'aux derniers débris de l'administration Canning étant invariable, et la présence des membres de cette administration dans le nouveau ministère étant une protestation vivante contre ses actes.

Renfermé à Windsor, d'où il ne vint qu'une fois à Londres pendant toute la durée de ces débats, George IV cherchait à s'étourdir dans la société de la marquise de Conyngham et de sa fille, des ennuis, des dégoûts et des contrariétés de tout genre qu'on lui faisait éprouver. La marquise avait fortement appuyé Canning ; on peut presque dire que la nomination de ce ministre avait été son ouvrage. Vivant, elle et ses amis l'avaient soutenu dans l'esprit du vieux monarque contre toutes les intrigues qui étaient journellement dirigées contre lui : mort, elle abandonna son système politique et sa mémoire, car, pour une favorite, qu'est-ce qu'un système, qu'est-ce que la mémoire d'un homme de bien qui ne peut plus lui être utile ? Il ne faut peut-être que s'étonner de la persévérance et du courage avec lesquels elle avait défendu un ministre populaire, qui parlait hautement d'économies * et qui attaquait, quoiqu'avec des ménagemens indispensables et dont on ne lui a pas tenu assez de compte, les prétentions d'une oligarchie insolente et auxquelles une révolution seule, mais dont Canning repoussa toujours la pensée avec effroi, pourrait un jour mettre un terme. George IV, élevé à l'école et dans les principes de George III, très-absolu de sa nature, mais à qui les institutions de son pays et les formes de son gouvernement ne permirent jamais

---

* Aussi différent en ce point que dans son système politique, de son ignorant et superbe prédécesseur, le marquis de Londonderry, dont le nom est voué à l'exécration et au mépris de l'Europe, et qui, après avoir pris pour son propre compte, dans les caisses de l'Etat, une somme que nous avons entendu évaluer à environ deux cent mille livres sterling, que l'état de ses affaires ne lui permettait pas d'y réintégrer, résolut, pour sortir d'embarras, de se couper la gorge, ce qu'il effectua à la grande joie de tous les amis des libertés britanniques. On a si souvent répété que des considérations politiques et les difficultés de sa position à l'égard des chambres avaient décidé, de la part du marquis de Londonderry, ce grand acte de justice qui eût été plus complet si une main légale eût été chargée de son exécution, que nous avons cru devoir consigner ici cette anecdote, qui nous est affirmée par de très-hauts témoignages et dont le vénérable comte de Liverpool était parfaitement informé. La honte attachée à un semblable abus de confiance est la seule qui manquât à la mémoire de l'odieux destructeur des libertés de la Grande-Bretagne et à l'ennemi de celles du continent.

de franchir les limites constitutionnelles, et qui par cette soumission, bien que forcée, avait acquis le respect et l'amour de ses sujets, avait hérité, sous ce rapport, des sentimens de son père qu'il n'aimait pas, dont il ne fut jamais aimé, et avec lequel toutes les relations de famille avaient eu constamment un caractère de défiance et d'aigreur, dû aux circonstances dont nous avons parlé avec quelque développement dans la première partie de cet ouvrage. La feinte popularité de George IV ne devait donc durer qu'aussi long-temps que sa politique en aurait besoin, et ce besoin cessa du moment où, devenu prince régent, il n'eut plus besoin d'opposer l'affection publique aux rigueurs de son père. Aussi le changement fut-il subit, et il eût été impossible de trouver, dans le prince régent, la moindre trace des sentimens et des opinions populaires, autrefois manifestés par le prince de Galles. Ce court épisode n'était pas inutile pour expliquer la facilité avec laquelle George IV, bien secondé dans ce but par les membres de l'administration du feu roi, à la tête de laquelle se trouvaient le vicomte de Castlereagh et ses amis, et bien que n'aimant pas dans l'oligarchie tout ce qui annonçait en elle la puissance de lui résister, s'accommodait cependant fort bien de tout ce que cette puissance lui offrait de force et de secours pour

combattre les prétentions des communes, miner
insensiblement toutes les parties de l'édifice des
libertés britanniques, et faire, s'il eût été possible,
de l'Angleterre, un état semblable en tout dans
ses formes intérieures à ceux du continent. Ce plan
était chimérique sans doute ; les évènemens sub-
séquens et la mort violente du marquis de Londonderry ne l'ont pas moins prouvé que l'énergique
et généreuse opposition de Canning, opposition
qui, dans la propre pensée de ce grand ministre,
devait bientôt lui devenir si fatale, et qui, en effet,
lui a coûté la vie ; toutefois son existence est dé-
montrée, et il ne l'est pas moins, qu'en prenant en
main la direction des affaires de la Grande-Bretagne,
le duc de Wellington a apporté dans le cabinet l'intention de le rétablir, de le suivre, de l'accomplir.
Tout cela s'est passé sous les yeux de George IV,
et si les évènemens ont entraîné le premier ministre si loin du but qu'il s'est constamment et pu-
bliquement proposé, ce n'est ni sa conscience ni
son esprit de discernement et de prévision auxquels il faut en faire hommage, mais seulement
l'empire des conjonctures intérieures et extérieures
tellement graves et compliquées, qu'il n'y avait
plus pour le général-ministre qu'à choisir entre
une catastrophe imminente et un abandon immédiat de ses funestes doctrines, dût-il, comme cela

arrivera inévitablement, y revenir plus tard, et comme il l'essaie, en attendant, dans un pays voisin. On voit que nous voulons parler ici des affaires de l'Irlande et de la guerre d'Orient, devenue en quelque sorte nationale en Angleterre par l'immense influence que son issue doit exercer sur les intérêts du commerce britannique. Au reste, décidés à ne nous départir en aucun point du système d'impartialité que nous nous sommes prescrit, nous n'hésitons pas à déclarer, qu'avoir su reconnaître et apprécier tous les dangers dont la Grande-Bretagne était menacée et sacrifier à cette conviction acquise l'une des plus chères pensées de sa politique, la haine de l'émancipation, de l'indépendance et de la liberté de l'Irlande catholique, est, jusqu'ici, de la part du duc de Wellington, un acte digne d'éloges; l'avenir prouvera jusqu'à quel point cet éloge doit être sans réserve..... Examinons maintenant quelle part George IV a prise à ce grand acte de son règne, le premier d'une haute importance, et dont il n'y a néanmoins d'utiles résultats à attendre que par sa franche et loyale exécution; car enfin personne n'ignore que ce prince est consciencieusement ennemi de toutes concessions faites aux catholiques irlandais, concessions qu'il regarde comme attentatoires au serment qu'il a prêté à son couronnement de soutenir la constitution protestante de l'église anglicane.

Il a fallu un long temps pour ébranler les résolutions du monarque anglais, et c'est avec raison qu'on a dit : « Que le duc de Wellington était peut-être, par ses antécédens militaires, sa position particulière à l'égard de la double oligarchie théocratique et politique qui l'avait toujours compté parmi les plus ardens défenseurs de ses prérogatives, et la confiance dont il jouissait auprès du roi, le seul homme qui réunît assez d'influence pour vaincre les scrupules du monarque et proposer avec succès au parlement le bill de l'émancipation des catholiques. La résistance de George IV se fortifiait, s'accroissait de jour en jour des alarmes et des plaintes du clergé anglican, appuyées de celles de quelques-uns des anciens ministres de la couronne, à la tête desquels était le vieux chancelier Eldon, immobile représentant des préjugés de l'antique oligarchie et l'ami particulier de George IV. Ces influences diverses étaient appuyées de celle du duc de Cumberland, protestant fanatique, qui, du fond de l'Allemagne où il était alors, était devenu le point central de tout le parti anti-catholique, et entretenait avec le roi, son frère, une correspondance qui se termina en février 1829, par son retour en Angleterre, où le ramenèrent les incertitudes de George IV qui, dans ses entretiens avec

le premier ministre, révoquait le lendemain le consentement qu'il avait donné aux dispositions arrê-
tées la veille. La présence du duc de Cumberland
rendit une fatale énergie au monarque, et amena
celui-ci à déclarer au duc de Wellington : « Qu'il
était résolu à ne pas aller plus loin, en faveur des
catholiques, qu'aucun de ses ancêtres. » Toutefois,
dans l'état présent de la question, les choses étaient
beaucoup trop avancées pour qu'il fût possible de
revenir sur ses pas, et George IV se trouva placé
dans l'alternative ou de recevoir la démission de
son ministre, ce qui allait le jeter dans d'intermi-
nables embarras et amener une révolution générale
et immédiate en Irlande : ou de laisser la question
suivre son cours dans les chambres, où une majorité non équivoque était acquise au duc de Wellington. Comme ce dernier parti, bien qu'en opposition avec les sentimens secrets du roi, était celui
qui exigeait le moins de vigueur et de résolution,
ce fut celui qu'il adopta dans l'intérêt de son repos,
qui, depuis le commencement de son règne n'a-
vait jamais été mis à d'aussi rudes épreuves. Cette
succession d'évènemens a produit sur l'esprit de
George IV, accoutumé à une vie voluptueuse et
paisible, une impression tellement pénible et profonde, qu'au lieu d'exciter en lui le vif désir de
jouer en Europe le grand rôle auquel il était ap-

pelé, elle l'a fait tomber dans une apathie extraordinaire, et lui a inspiré un dégoût si complètement
absolu des affaires, que, non-seulement ses ministres ont besoin de vaincre sa résistance toutes
les fois qu'il s'agit de discuter les matières soumises
au conseil, mais qu'il leur est presque impossible,
dans certains momens, d'obtenir de lui les signatures qui doivent rendre exécutoires les actes de
l'administration. Toute espèce d'occupation lui est
devenue odieuse et insupportable. Il est même des
instans où cette disposition de son ame a les apparences de la stupidité. Tiraillé dans tous les sens,
mais secrètement porté en faveur de l'opinion protestante, il regrette l'assentiment qu'il a donné aux
actes que cette opinion réprouve, et néanmoins il
donnerait encore cet assentiment dans des circonstances semblables. La maladie et les chagrins, en
usant son corps et en altérant les facultés de son
esprit, au point qu'on pourrait juger les périodes
de son dépérissement, n'ont cependant pas changé
entièrement les formes élégantes et aimables de ses
premières années. C'est surtout dans les réceptions
de cour qu'il rassemble toutes ses forces pour paraître aussi attentif, aussi empressé avec les femmes
qu'il l'était autrefois. Aucun des bruits répandus
à Londres en 1829, sur de prétendus projets de
régence, dans le cas où le duc de Clarence (qu'un

parti qui désirait sa mort présentait comme très-
malade, mais qui dans le fait se portait fort bien)
serait venu à mourir, n'ont été ignorés de George IV.
Sans aimer et presque en haïssant ce prince, héritier présomptif du trône de la Grande-Bretagne,
le roi est vivement effrayé à la seule idée d'un revers qui pourrait faire passer sa couronne dans une
autre famille que la sienne; aussi lorsqu'à propos
de la possibilité d'une régence, la fille du duc de
Kent venant à monter sur le trône, des voix indis-
crètes ont prononcé le nom du duc de Wellington,
quelle que fût l'invraisemblance d'un tel choix, le
cœur de George IV en a été profondément blessé. Ce
prince fait d'immenses dépenses en bâtimens, et
n'a pas plus tôt élevé un palais qu'il prend en dégoût ce qui vient d'être terminé pour s'occuper de
nouvelles constructions qu'il abandonnera de même.
Un de ses goûts favoris est maintenant celui de sa
ménagerie; c'est de ce côté qu'il dirige le peu de
promenades qu'il fait encore. Il prend le plus tendre
intérêt à sa girafe malade; des médecins ont été
consultés, un régime prescrit. Il demande dix fois
par jour des nouvelles de cet animal, dont la santé
est devenue l'objet de ses plus tendres sollicitudes.
Une correspondance autographe a long-temps existé
entre George IV et Louis XVIII; on assure que,
quoique moins fréquente, elle existe encore entre

ce prince et Charles X. M. Canning l'ignora long-
temps, mais elle avait cessé d'être un mystère pour
lui à la fin de sa vie, et cette connaissance lui a
souvent fait pénétrer la cause de résistances et d'oppositions que, sans elle, ce ministre n'eût jamais
pu s'expliquer. Il ne serait pas impossible d'en réunir encore tous les fils ; un voyage à Calais suffirait
pour cela. Mais à quoi cela conduirait-il, si ce n'est
à démontrer que, par la fausse direction que donnent aux idées de leurs maîtres la plupart des conseillers intimes des rois, ces conseillers ne sont
guère moins les ennemis de la vraie gloire et des
intérêts qu'ils trompent, que de ceux des peuples
qu'ils gouvernent et dont ils paraissent croire qu'on
ne peut obtenir l'obéissance et assurer le repos que
par la servitude ! Or, tout cela a-t-il encore besoin d'être prouvé en l'an de grâce 1829 ?

GUILLAUME-HENRI, DUC DE CLARENCE,
HÉRITIER PRÉSOMPTIF.

Ce noble prince, si cher à la marine britannique,
à la tête de laquelle il est placé, en qualité d'amiral,
et à la nation, dont il a constamment défendu les
intérêts, s'est montré, dans la chambre des pairs,
l'un des plus ardens amis de la cause catholique et
s'est acquis, par ce vote, aussi conforme aux in-

térêts de la Grande-Bretagne qu'aux vrais principes de la liberté politique et religieuse, le respect et la confiance de tous les hommes honorables et éclairés. Cette différence est remarquable entre le duc de Clarence et les membres du cabinet Wellington qui ont voté pour l'émancipation, que ce prince a été franc, loyal et persévérant dans son opinion en faveur de cette mesure, tandis que les ministres britanniques actuels ont été constamment en opposition avec elle, tant qu'elle n'a eu que la justice en sa faveur, et ne se sont résignés à la proposer au parlement que lorsque, épouvantés de la possibilité d'une guerre prochaine avec la Russie, ils ont jugé avec raison que la division de l'Irlande et de l'Angleterre pouvait amener d'affreux déchíremens dans l'empire britannique.

Combien cette politique d'intérêts est au-dessous de la franchise du duc de Clarence, qui avait embrassé sans restriction la généreuse politique de Georges Canning et qui n'a pas hésité à résigner son poste de premier lord de l'amirauté du moment où, par l'arrivée du duc de Wellington au pouvoir, les principes du ministre de la liberté européenne ont cessé de prévaloir dans le cabinet britannique. On croit être certain que nul, plus que l'héritier présomptif du trône, qu'une faction odieuse s'est efforcée, dans ces derniers temps, de faire passer pour insensé, ne connaît les projets ambitieux du premier ministre de Georges IV. Le duc de Clarence, accompagné de la duchesse, s'est rendu à Dieppe du 29 septembre au 10 octobre 1829, pour y passer quelques jours avec le frère de son épouse qui se trouve depuis peu dans cette ville. Au moment où le ministère Polignac, nouvellement éclos du cerveau du duc de Wellington, est descendu aux yeux de l'Europe au rôle déshonorant de satellite du cabinet britannique, il serait, pour les princes français, un moyen certain, mais dont le mauvais génie de la France ne leur permettra pas d'user, de relever l'honneur de leur nation si misérablement compromis par le choix des minis-tres les plus antipathiques à cet honneur que la France ait jamais subis; ce serait en adoptant haute-ment, en proclamant les principes et les doctrines franchement nationales du duc de Clarence, de pro-noncer l'arrêt de mort politique de ces ministres pré-tendus français, héros de la machine infernale, de la guerre civile et de la trahison, dont la présence à la tête des affaires efface tous les scandales donnés à la France et à l'Europe pendant les quinze der-nières années qui viennent de s'écouler. Alors, sans doute, se reformeraient les liens qui, pendant les quatre mois de la grande administration de Georges Canning, commençaient à unir si étroitement les peuples de la France et de la Grande-Bretagne, et entre lesquels il a suffi de la fatale alliance des noms détestés des Wellington et des Polignac pour rétablir avec plus de violence, et autant que ces hommes resteront au pouvoir, les longues haines qui depuis tant de siècles ont divisé les deux pays.

MINISTÈRE BRITANNIQUE.

MEMBRES DU CABINET.

Premier lopd de la trésorerie et premier ministre, le duc DE WELLINGTON.

Chancelier de l'échiquier, M. HENRI GOULBURN.

Lord chancelier, lord LYNDHURST (Copley).

Président du conseil, le comte BATHURST.

Lord du sceau privé (garde des sceaux), lord ROSSLYN.

Secrétaire d'état pour l'intérieur, M. ROBERT PEEL.

Secrétaire d'état pour les affaires étrangères, le comte D'ABERDEEN.

Secrétaire d'état pour la marine et les colonies, sir GEORGE MURRAY.

Premier lord de l'amirauté, le vicomte MELVILLE.

Maître de la monnaie, M. JOHN CHARLES HERRYES.

Président du bureau de contrôle, lord ELLENBOROUGH.

Trésorier de la marine et président du bureau de commerce, M. WILLIAMS FITZ GERALD.

HORS DU CABINET.

Secrétaire (ministre) *de la guerre*, sir HENRI HARDINGE.

Grand maître de l'ordonnance (artillerie), le vicomte BERESFORD.

Chancelier du duché de Lancastre, sir CHARLES ARBUTHNOT.

AMBASSADEURS,

MINISTRES ET CHARGÉS D'AFFAIRES

D'ANGLETERRE

PRÈS LES DIFFÉRENTES COURS DE L'EUROPE.

AUTRICHE.	Lord COWLEY (WELLESLEY), amb. extr. et m. plén.
BAVIÈRE.	Lord ERSKINE, env. extraord. et min. plén.
DANEMARCK.	Right honorable W. WINN, *idem*.
ESPAGNE.	
ÉTATS ROMAINS.	M. JOHN PARKE, consul général.
FRANCE.	Lord CHARLES STUART de ROTHSAY, amb. ext. et p.
NAPLES.	Right hon. WILL. HILL, env. extr. et min. plén.
PAYS-BAS.	Right hon. S. CHARLES BAGOT, ambass. extraord.
PORTUGAL.	Sir FRÉDÉRIC LAMB, *idem*.
PRUSSE.	Sir BROOK TAYLOR, env. extraord. et min. plén.
RUSSIE.	Lord HEYTESBURY (WILLIAM A'COURT), amb. ext. p.
SARDAIGNE.	M. AUG. JOHN FOSTER, env. extr. et min. plén.
SAXE.	EDOUARD WARD, *idem*.
SUEDE.	Lord BENJAM. BLOOMFIELD, *idem*.
TOSCANE.	Lord BURGHERSH, *idem*.
TURQUIE.	M. ROBERT GORDON, amb. extr. et min. plén.
WURTEMBERG.	M. ÉDOUARD DISBROWE, env. extr. et min. plén.

AUTRICHE.

AUTRICHE.

FRANÇOIS II, EMPEREUR.

Le Gouvernement autrichien qui, dans ses rapports avec les grandes puissances européennes, n'a rien perdu de son immobilité apparente, depuis le commencement de la guerre d'Orient, n'a été néanmoins étranger à aucune des intrigues qui tendaient à ne donner aux limites du nouvel état Grec que la plus mince extension possible, et à le resserrer dans des frontières tellement faibles et circonscrites, qu'à la première injonction de la Porte, au premier coup de canon tiré par elle, il n'eût qu'à se soumettre et implorer merci. Cette pensée de M. de Metternich est devenue en tout point celle de François II. Désirant par-dessus toute chose le maintien du *statu-quo* européen, quel qu'il soit, mais toujours prêt à prendre sa part de toutes les grandes spoliations politiques, ce prince allait devenir ambitieux avec son ministre, s'il eût été question d'un partage de la Turquie, comme ses prédécesseurs et lui-même l'avaient été lors du grand attentat qui avait démembré la Pologne ; mais les menaces de

3

l'Angleterre ayant amené les déclarations modérées de la Russie, l'Autriche est rentrée dans son système favori où nous allons la suivre.

Dans l'état de marasme où vit et se maintient le gouvernement de l'Autriche, peu d'intérêt s'attache à ses annales. Chaque jour ressemble à celui qui l'a précédé et à celui qui le suivra : c'est le beau idéal de l'absolutisme. Pour échapper à cette fatigante monotonie dont s'accommodent franchement les seuls Autrichiens, parmi les populations des états héréditaires, nous avons recueilli dans une foule d'anecdotes plus ou moins connues, celles qui nous ont paru caractériser d'une manière plus particulière le monarque autrichien et son gouvernement, dont la haine des lumiĕres et la peur sont les deux plus puissans mobiles.

Ce gouvernement craint d'éclairer ses sujets et de réveiller leur énergie. Il ne leur permet pas de s'instruire *, et s'il ne leur défend pas positive-

* Sous Charles VI et ses successeurs, on comptait jusqu'à 3o mille étudians à l'université de Prague. Aujourd'hui, il n'y en a que mille. «Je veux,» disait François II, en 1825, aux professeurs de cette université, « Je veux que mes sujets apprennent tout ce qui est à l'usage de la vie ordinaire, et notamment ce qui doit les attacher à *ma personne* et à leur religion. Je n'ai pas besoin de professeurs qui leur rempliraient la tête d'un tas de sottises, dont les fruits ne tendent qu'à troubler la cervelle dès jeunes gens d'aujourd'hui. » En conséquence de ces principes, le professeur Bolpano, l'un des mem-

ment de prospérer, ce n'est tout juste qu'autant que cela est nécessaire pour qu'ils mangent, boivent, trouvent à se vêtir, à payer leurs taxes, et puissent, en cas de guerre, mettre en réserve quelques florins qu'on ne manque pas de leur redemander dans l'occasion. Ce sont là des faits matériels bien connus à Vienne ; mais François II, qui n'aime pas la publicité, punit sévèrement quiconque a l'indiscrétion de révéler les fautes du gouvernement dont il est le chef et qui n'agit que sous son inspiration. Des exemples puisés à des sources qui n'ont point été contestées vaudront mieux que cent assertions, que les hommes du pouvoir ont toujours

bres les plus distingués de l'université, fut arrêté, accusé d'hérésie, et livré à un tribunal ecclésiastique. Le clergé, la noblesse réunirent leurs efforts pour lui rendre sa chaire de philosophie. « Ne me parlez pas de lui, » répondit François à la princesse de L....y, qui réclamait en leur nom, « il a des principes dangereux et extravagans.» En effet, cet honnête homme avait prétendu, mais dans des termes beaucoup plus mesurés que l'un de ses disciples, professeur de théologie au séminaire de Leitmeritz : « Que les doctrines qui sont incompatibles avec la raison humaine ne peuvent être fondées sur des préceptes divins. » Un grand exemple fut fait de cette *abominable* hérésie : le professeur fut emprisonné ; l'évêque sous les yeux duquel ce scandale s'était passé fut démis de son siége et envoyé dans un couvent de *capucins,* et les savans reçurent l'ordre de se taire à l'avenir. On a eu à Milan des exemples de l'humanité du successeur du bon, du juste, du philosophe Joseph II ; il était bon d'en donner un de sa tolérance et de ses lumières.

tant de facilité à contredire. La note précédente vient d'en offrir un; les deux suivans ne sont pas moins curieux ; ils se sont passés à Prague. Un des conseillers d'état appartenant à la classe la plus distinguée, discutant dans une des séances du tribunal présidé par le chef du royaume, le suprême Burgrave, sur les droits des produits importés, saisit cette occasion pour attaquer les conséquences du système actuel de finances, concluant : que ce système n'était point en harmonie avec l'état des manufactures. A l'époque où cette discussion eut lieu, ce conseiller, homme de talent et d'expérience, venait d'être proposé par le département suprême des finances pour faire partie de ce département, en qualité de conseiller aulique. Déjà accepté par le conseil d'état, il ne manquait plus que la signature de l'empereur; mais les espions de François n'avaient pas manqué de rendre un compte fidèle de l'opposition courageuse du magistrat, et au moment où celui-ci se croyait certain de la place, il apprit qu'elle venait d'être donnée par l'empereur au plus jeune des conseillers, et que ce prince avait joint au brevet une note conçue en ces termes : « Un homme qui a plus d'égards pour *l'esprit du temps* que pour la volonté du souverain doit faire un mauvais conseiller de cour. Il ne me faut que des sujets dévoués et non des raisonneurs. » Nous croirions insulter au bon sens de nos lecteurs, si nous relevions sérieusement de semblables niaiseries. L'esprit du temps, mis en opposition avec la volonté du souverain, est ici d'un ridicule tellement choquant qu'il dispense de tout commentaire. En quoi donc l'esprit du temps peut-il influer sur des chiffres et des nombres, vérités mathématiques s'il en fut jamais? et quel est le métier d'un conseiller, si ce n'est de discuter? est-il donc là pour autre chose? Qu'est-ce, en semblable matière, que la volonté du souverain? et si elle est tout, qu'a-t-il besoin de conseillers? à la vérité, il ne s'agit ici que de conseillers *de cour*, c'est-à-dire, de ceux dont le métier est de mentir à leur prince et à leur conscience; mais de semblables aveux ne se font point, et l'empereur François sort ici de sa réserve habituelle. Il est vrai que le brevet finit par dire : « Qu'il ne faut à S. M. impériale, que des sujets dévoués (c'est-à-dire des esclaves ignorans et stupides), et non des *raisonneurs*. » Dès-lors, qu'on ne s'étonne plus de la proscription des lumières dans les états héréditaires ; les sots sont quelquefois conséquens.

Le second fait, qui prouve quelles sont les étranges idées de l'empereur François, sur le genre de capacité qu'il exige de ses serviteurs, est celui-ci : le comte O'Donnel, ministre des finances, venait de mourir; on reconnaissait qu'un homme habile était nécessaire à ce département, et cet homme n'était pas facile à trouver parmi les courtisans entre lesquels la cour de Vienne choisit presque toujours ses ministres, qui sont, pour la plupart, élevés dans l'ignorance et la nullité qui doivent les recommander à la bienveillance du souvérain. Sur qui François jeta-t-il les yeux et fixa-t-il son choix? Qui le croirait, ce fut sur le comte de Wallis, chef de l'administration du gouvernement de Bohème, homme d'honneur sans doute, mais qui ne réunissait pas deux idées en finances. « Je veux, » lui dit François, « récompenser vos fidèles services; O'Donnel est mort, je vous ai désigné pour lui succéder. — Je supplie Votre Majesté, » répliqua le comte, « de considérer que je ne me suis jamais occupé de finances, et que je suis dans la plus profonde ignorance sur cette matière.—A merveille, » reprit François, ravi d'avoir rencontré si juste, « c'est précisément ce qu'il me faut, rien ne saurait mieux me convenir. » Puis se mettant sans y songer en contradiction avec lui-même : « Je veux que chacun se mêle de ce qui le regarde.» C'était pour cela sans doute qu'il choisissait M. de Wallis. « Vous apprendrez votre métier, et je ne doute pas que vous ne soyez ministre aussi fidèle que vous avez été fidèle Burgrave. » Ce que tout le monde, excepté l'empereur, avait prévu, arriva. Le fidèle et inhabile ministre mena si bien les finances, que tout finit par la plus honteuse comme la plus fatale banqueroute. Des milliers de familles furent entraînées dans l'abîme ouvert par l'ignorance ; mais François qui, par l'application du même principe à l'armée, devait, quelques années plus tard, voir la ruine de la sienne sous le commandement de Mack, et qui sans doute avait bien médité les principes du bourgeois gentilhomme de Molière, n'en persista pas moins à penser, « que ce qu'un homme de qualité devait être le plus propre à faire, était ce qu'il n'avait jamais appris. » On rit, long-temps après qu'elles furent consommées, de ces inepties financières et militaires ; mais l'état et les familles n'en demeurèrent pas moins ruinés, et l'armée perdit quarante mille soldats.

C'est surtout dans ses dernières générations que la maison de Hapsbourg a montré un invincible attrait pour le honteux gouvernement de sa police. Joseph II, d'illustre mémoire, semblait prévoir cette dégradation, lorque, parlant de François II son neveu, alors archiduc, qui l'avait suivi en Hongrie, il s'écriait dans un mouvement d'impatience : « Cet enfant ne vaut rien ; il gâtera tout. »

On sait combien le bon Léopold, alors grand-duc de Toscane, aimait à pénétrer, par les moyens familiers à cette police, dans l'intérieur des familles même les plus recommandables, surprendre leurs secrèts, faire ou rompre des mariages. François II, en montant sur le trône de son père, y a porté les mêmes goûts, mais ces goûts ont eu des conséquences moins favorables, parce qu'il ne les appliquait qu'à satisfaire une vaine curiosité. Il est même à remarquer qu'ils lui ont été beaucoup moins pardonnés qu'à son père, sans doute à cause de l'emploi qu'il en a fait et du petit nombre d'heureux qui ont été le résultat des investigations de sa police. Le fait suivant fera connaître combien la police impériale de Vienne suit, sous François II, une direction différente de celle que son père, alors grand-duc, avait imprimée à celle de la Toscane, quoique dans l'un et l'autre cas nous considérions de tels moyens de gouvernement comme peu dignes de princes qui jugent bien toute la hauteur de leur mission.

Un négociant résidant à Prague donnait à dîner à ses amis. La cour de Vienne venait tout récemment de contracter un emprunt; tous les convives s'étaient accordés à blâmer cette opération. Dès le lendemain, le négociant fut appelé devant le chef de la police, pour donner des explications sur ce qui s'était passé chez lui la veille. Il allégua le droit de tout individu à discuter, dans l'intérieur de sa maison, des questions de finances; on lui répondit que , « n'étant pas banquier, *ces sortes de questions ne le regardaient pas,* et que s'il lui arrivait de nouveau d'élever ou *de permettre* de semblables discussions, il serait puni *par la prison.* » Rentré chez lui , le négociant, bien convaincu qu'il n'avait pu être dénoncé que par ses domestiques, les renvoya tous. Appelé de nouveau chez le directeur suprême de la police, celui-ci lui demanda avec humeur : « Quel motif avait pu le porter à renvoyer ses domestiques?» et sur sa réponse, « qu'il croyait bien avoir le droit de faire chez lui ce qui lui plaisait, » ce directeur, conseiller impérial, chevalier de l'un des ordres, et ayant le titre de colonel, ne rougit pas de *lui jurer sur l'honneur* que ce n'étaient pas ses domestiques qui l'avaient dénoncé, espérant ainsi sans doute réussir dans le double but qu'il s'était proposé, celui de lui rendre ses amis suspects et de le porter à conserver les individus qu'il avait chassés et par qui la police était si bien servie.

Dans les états héréditaires , tout valet d'auberge est un espion gagé : toutes les tables d'hôte sont infestées d'une classe supérieure de ces agens. On en trouve fréquemment chez les libraires, où ils s'informent des livres que demandent telles ou telles personnes qu'ils ont ordre de surveiller. L'inquisition de la poste est aussi odieuse qu'elle est maladroite ; on ne s'y fait aucun scrupule d'apposer le cachet aux armes impériales à l'usage de cette administration, à côté de celui qu'on vient de rompre. En général, il est remarquable que toutes les choses honteuses s'exécutent, en Autriche, avec assez de maladresse, et cette maladresse même est un hommage au caractère national qui ne se prête qu'à regret aux caprices du prince, car l'impulsion donnée à la police appartient bien évidemment à sa volonté personnelle. En vain prétendrait-on la rejeter sur tel ou tel de ses ministres : ceux-ci sont trop bons courtisans, sans doute, et, comme le dit François lui-même, *trop dévoués à sa personne*, pour contrarier en rien le goût de l'empereur ; on sait d'ailleurs que tout ce qui tient aux formes de cette inquisition politique émane, en Autriche, du souverain lui-même.

A côté de ces faits, peu propres à relever la dignité du trône dans l'opinion des peuples, il serait injuste de ne pas en placer quelques autres, malheureusement en trop petit nombre, qui honorent le caractère de François ; de ce nombre est celui que nous allons rapporter.

Un riche vigneron de Rosbach, tuteur d'un jeune orphelin, était en procès avec le seigneur dans la juridiction duquel ses propriétés étaient situées.

Ce procès traînait depuis long-temps en longueur. Résolu à en finir, il se décide à aller trouver l'empereur, auprès duquel, suivant l'excellent usage adopté par les souverains de l'Autriche, de la Bavière, de la Suède et des Pays-Bas, il fut immédiatement admis. Il explique le sujet de sa visite, et l'empereur lui demande s'il est porteur des pièces judiciaires relatives au procès : « Oui, sire, les voici, » répond le fermier. — « Dans ce cas, » reprend l'empereur, la meilleure marche à suivre est de voir le conseiller aulique Schwarzin, et de les lui montrer. — Mais ne vaudrait-il pas mieux pour moi, objecta le paysan, « que V. M. commandât à son conseiller d'en prendre connaissance ? — Non, mon enfant, dit l'empereur ; vous ne comprenez pas que cette affaire doit avoir son cours ; je ne puis rien faire par anticipation. Allez, écoutez ce qu'il vous dira et venez m'en rendre compte. » Le fermier fut voir le conseiller qui lui fit observer qu'avant de porter une décision dans cette affaire, il fallait qu'elle lui parvînt par une voie régulière. De retour auprès de l'empereur auquel il rendit compte de son message, ce prince l'engagea à prendre patience, l'assurant qu'il veillerait lui-même à ce que ce procès fût expédié. Il le fut en effet, six semaines après, en faveur du fermier. Ce fait, qui n'est pas le seul de ce genre dans la vie de François, de-

mande grâce pour beaucoup de fautes et de fai-
blesses.

Quelques traits du caractère de François II,
pendant la longue et terrible lutte que ce prince
eut à soutenir contre les armées françaises, com-
mandées par Napoléon, ne nous paraissent pas ici
hors de place.

Pendant cette période où le monarque autrichien
fut trahi ou mal servi par ses généraux, et abandonné, après les désastres de Marengo et d'Ulm, par
ses alliés les Prussiens et les Russes, François ne
perdit pas un moment le phlegme et l'indifférence
qu'il porte dans toutes les actions de sa vie. A cette
époque, si critique pour lui, on remarqua à peine
le plus léger changement dans sa contenance. Ses
occupations favorites n'en furent pas interrompues;
il passait aussi régulièrement son temps à fabriquer
de la cire à cacheter, à soigner ses pigeons et à jouer
du violon. Lorsque, après Marengo, la jeunesse
de l'Autriche, de la Bohème et de la Moravie, se
leva en masse pour la défense de l'empire, six
cents étudians de l'université de Prague, rassem-
blés en une troupe appelée *l'aufgebot* du prince
Charles, presque tous appartenant à des familles
nobles, furent présentés à l'empereur sur les instances de son frère. François, pour tout accueil,
dit à cette brave jeunesse qu'il passa en revue à

Budweiss en Bohême : « Oh, oh, vous avez une belle tournure ; je ne l'aurais pas cru ; mais je suis bien aise de ne pas avoir besoin de vous ; nous avons la paix et vous pouvez maintenant retourner chacun chez vous. » Puis, voulant joindre à ces paroles qu'il croyait très-flatteuses, quelque preuve solide de sa munificence impériale, en indemnité des dépenses d'équipemens de guerre faites par ces jeunes gens, il fit donner à chacun d'eux un florin nouvellement frappé *; mais ceux-ci, humiliés d'un bienfait qui ressemblait à une insulte, jetèrent d'un commun accord la gratification dans la rivière, au grand mécontentement et surtout à l'extrême étonnement de l'empereur, qui ne pouvait pas comprendre qu'on pût méconnaître à ce point sa générosité.

Après les batailles de Regen, et surtout celle de Gross-Aspern, qui fut favorable aux armes autrichiennes, François, entraîné par les instances des chefs de la nation qui venait de faire de grands efforts et d'immenses sacrifices, et de l'armée qui avait déployé une grande constance et un inébranlable courage, s'était enfin décidé à adresser des remercîmens à l'une et à l'autre. Dans les étroites idées de ce prince, c'était sans doute compromettre

---

* Environ cinquante sous de France.

sa dignité que de remercier ses sujets d'avoir fait ce qu'il regardait comme leur devoir, en prodiguant leur fortune et versant leur sang pour le servir. Cette disposition de son esprit le conduisait presque toujours à manifester la plus extrême insouciance sur les évènemens les plus graves de la guerre. Ainsi, pendant la bataille de Wagram, où la droite de l'armée, commandée par le prince Charles, était victorieuse et gagnait du terrain, tandis que la gauche à laquelle devait se joindre l'archiduc Jean était vivement pressée et battait en retraite, François dînait tranquillement à son quartier-général de Wolskersdorff. Un adjudant étant venu lui apprendre que l'archiduc Jean n'avait pas paru et que l'armée était en pleine retraite, « ne vous l'avais-je pas prédit, » dit l'empereur en se levant de table et en s'adressant, avec la trivialité d'expressions qui lui est familière, à l'un de ses aides-de-camp qui se trouvait en ce moment auprès de lui, « que Jean nous laisserait combattre seuls, et qu'il nous faudrait encore payer les violons; il nous faut maintenant fermer le trou que le charpentier a laissé. » Cela dit, et sans donner d'ordres, sans faire de dispositions, sans s'être enquis en aucune manière de l'état des affaires et des conséquences immédiates que pouvait, au plus fort de l'action, avoir l'absence de l'archiduc, François monta dans sa calèche avec une impassibilité qui confondit tous les assistans. On sait que ce fut immédiatement après la perte de la bataille de Wagram, qu'à l'instigation du prince de Metternich, nommé peu de temps après ministre des affaires étrangères et qui haïssait mortellement l'archiduc Charles, le commandement de l'armée fut retiré à ce prince habile et populaire, dont on ne cessait de rendre les vues suspectes à l'empereur.

Puisque nous venons de parler de M. de Metternich dont, grâce à la position qu'il occupe pour le malheur de l'Autriche et celui de l'Europe, nous aurons à parler encore, nous allons rapporter quelques circonstances qui, bien qu'elles remontent déjà un peu haut, nous paraissent du plus grand intérêt, puisqu'elles prouvent à quel point, sous plusieurs rapports, François est asservi à son ministre, et qu'elles contribuent à faire connaître de plus en plus le caractère du personnage qui porte maintenant la couronne des princes de la maison de Hapsbourg.

François II, accompagné de son grand chancelier d'état, s'était, en 1811, rendu à Dresde pour y voir Napoléon qui dirigeait alors son armée contre la Russie. Ce prince vint l'y visiter le lendemain de son arrivée, et lui proposa, dans leur première entrevue, de lui donner la Silésie en échange de la partie de

la Pologne qui était alors sous la domination de
l'Autriche. M. de Metternich se trouvait pendant
cet entretien dans une salle voisine ; François, incapable de s'expliquer sans son secours, le fit appeler en se levant de table. La conversation deve-
nant alors fort animée, ce prince se tourna tout
à coup vers son ministre et lui dit en allemand :
« Non , Metternich, cela ne sera pas, je n'ai
pas besoin de sa Silésie et je ne veux pas lui
céder la Pologne ; dites-lui que cette manière de
procéder ne me convient pas : il nous donne aujourd'hui la Silésie et il nous la reprendra dans
quinze jours, comme cela est déjà arrivé à ce pauvre diable de roi de Prusse. Il ne tient pas ses engagemens ; il ne m'a rendu ni Trieste, ni les autres
places qu'il m'avait promises...... » François allait
continuer lorsque Napoléon , impatienté de ne
rien comprendre , et devinant, à l'air de mauvaise
humeur de son beau-père, que la proposition ne lui
agréait pas, l'interrompit assez brusquement et demanda : « Que dit-il ? » — « Oh rien, sire, » répliqua M. de Metternich souriant et faisant tout
ensemble une profonde révérence, « sinon que
mon maître me chargeait d'assurer votre Majesté
Impériale de son plus sincère et de son plus inviolable attachement. » Napoléon, bien qu'on ait su
depuis qu'il n'avait été qu'à moitié dupe de l'ex-

plication que lui donnait le ministre autrichien ,
mais qui ne voulait pas, en ce moment où tout
était encore douteux pour lui , exaspérer inutile-
ment son beau-père , que la fortune , si elle lui eût
été fidèle , n'aurait pas manqué de rendre un peu
plus tard souple à tous ses désirs, feignit d'être
satisfait de ces paroles et ne donna point de suite
à cette explication. Quelques heures après, François, parlant de cet entretien, riait à gorge déployée
avec son confident, et disait « il n'y a pas d'homme
plus habile que mon Metternich ; il vous trans-
forme facilement un k en y, » et puis il ajoutait
avec un sourire malin : « J'espère que nous réussi-
rons. »

Lorsque, par le sort des traités qui suit toujours celui des armes, les braves Tyroliens furent
tombés sous le joug de l'Autriche, dont le sceptre
de plomb leur faisait si vivement regretter la domination de la Bavière dont ils venaient d'être
séparés, ils envoyèrent à Vienne, pour redemander l'ancienne·constitution de leur pays ,
une députation composée de deux prélats, de
deux seigneurs et de deux paysans. On sait que
ce dernier ordre a conservé le privilége de tutoyer
l'empereur. Arrivés à Vienne, ils furent reçus
d'assez mauvaise grâce par François II, qui, instruit de l'objet de leur voyage, dut faire les plus

grands efforts sur lui-même pour se contenir, car le seul mot de *constitution* fait tomber ce prince en syncope. Il cède alors à une sorte d'instinct secret, dont il ne peut se défendre. Ce mot a pour lui la mortelle vertu de ces monstres de la fable dont l'aspect jetait dans des convulsions ceux qui arrêtaient un seul instant leurs regards sur eux. L'idée d'un système constitutionnel fait, sur le souverain de l'Autriche, l'effet de l'eau sur l'hydrophobe ; elle est pour lui une sorte de talisman qui a, non-seulement la propriété à peu près exclusive de l'arracher à son flegme ordinaire, mais encore de le priver alors de ce qu'une mauvaise éducation lui a laissé de facultés intellectuelles, les seules dont on sait que la nature ne s'est pas toujours montrée prodigue envers lui.

Les pauvres députés du Tyrol, pleins de confiance dans la raison et la droiture du prince, lui expliquèrent leurs griefs et leurs espérances. Ils insistèrent surtout sur le vif désir de leurs concitoyens de rentrer en jouissance de leur vieille constitution. « Ah ! ah ! » répondit François au discours naïf de ces hommes simples et fidèles : « Vous voulez donc une constitution ? — Oui, François, » répondirent d'une voix ferme les deux paysans, tandis que les prélats et les seigneurs s'inclinaient respectueusement. « Réfléchissez bien à votre de-

mande, » reprit l'empereur, « quant à moi cela m'est
égal : je vous donnerai une constitution ; mais il
faut que vous sachiez que les soldats m'appartiennent, et que, si j'ai besoin d'argent, je ne vous en
demanderai pas deux fois ! Quant à vos langues, je
vous conseille de ne pas les laisser aller trop loin.
— Si tu penses ainsi, » répliquèrent les paysans
étourdis de cette réponse où l'esprit despotique
et fiscal de la Cour de Vienne se peint tout entier,
« il vaut mieux que nous n'ayons pas de constitution.—Je le crois aussi, » reprit François d'un ton à
leur faire connaître que cette conversation n'était
pas de son goût et en leur tournant le dos. Qu'on dise
après cela que les princes de la maison d'Autriche
ne sont pas les meilleurs et les plus populaires des
princes, eux qui, en prononçant ces douces paroles, se promènent seuls et sans gardes au milieu
de leurs bienheureux sujets ! et le moyen, si l'on
ne veut passer pour de détestables et d'incorrigi-
bles révolutionnaires, de ne pas trouver, dans cette
simplicité, une compensation suffisante de tant
d'actes dont la barbarie retentit du fond de l'Italie
jusqu'à nous *!

François ne règne pas partout aussi facilement

* Nous ne croyons pas avoir besoin de répéter qu'il y a d'honorables exceptions à faire. L'archiduc Charles, par exemple, en mérite
une toute particulière.

que dans ses états héréditaires. La Hongrie, où quatre millions de sujets professent la religion grecque à laquelle le catholicisme romain de Vienne a fait tant de mal, n'a aucune affection pour ce prince, qui, de son côté, déteste franchement le caractère indépendant de ses habitans. Il s'est trouvé plus d'une fois offensé de la liberté qui règne dans les discussions de la diète, où, se plaignant dans une des dernières sessions, « qu'assemblée depuis quatre semaines elle n'avait encore rien décidé, » il lui fut répondu par le comte Palfi, l'un de ses magnats les plus distingués : « Il est vrai; mais depuis 30 ans que votre majesté est assise sur le trône de Hongrie, elle n'a encore rien fait pour nous. » L'apostrophe était vive et directe, mais elle ne fit qu'effleurer l'épiderme sentimentale du monarque qui, au lieu de s'en éclairer, n'en prit qu'un peu plus d'aversion contre les hommes courageux qui lui faisaient entendre d'aussi fortes vérités.

Le système d'ignorance et d'abrutissement dans lequel consiste le plus puissant moyen d'action du gouvernement acquiert, tous les jours, dans toutes les provinces soumises à sa domination un nouveau degré d'intensité *. Pour réduire la jeunesse de cet

* Un décret impérial de 1808 instituait une chaire de philoso-

empire, où l'on compte plus de trente millions
d'ames, à ce honteux degré d'idiotisme qui convient à ses vues, il prend des moyens plus sûrs
encore que l'impression, faite à Vienne, de livres
scolastiques composés par ses ordres et dont il
fait inonder les collèges, les universités et les institutions de tout genre. François II nomme et dépose à
son gré les professeurs qui dirigent les études dans les
universités de Prague, de Vienne, d'Olmutz et de
Laybach, afin de remplacer tout-ce qui se trouve

phie religieuse, qu'on réunit aux études philosophiques; les hommes
les plus instruits avaient été choisis pour la remplir, et il en résulta
des effets si étonnans, qu'on remarqua bientôt un changement extraordinaire dans l'éducation. Les étudians, bien qu'ils professassent
ouvertement le catholicisme, devinrent protestans au fond du cœur.
De là, grandes alarmes à Vienne ; tout-allait être perdu, parce que
quelques points du dogme catholique rencontraient quelques consciences indociles, quelques esprits récalcitrans. « Je veux, » écrivit
François à son ministre de l'intérieur, le comte de Saurau, « que la
jeunesse croie et ne s'amuse pas à discuter sur les articles de foi. »
Jusque-là, il n'y avait eu que de l'intolérance ; une odieuse persécution ne tarda pas à se faire sentir. Ceux des protestans qui refusèrent
d'obéir aux injonctions qui leur furent faites furent destitués,
poursuivis, emprisonnés, et les élèves envoyés selon l'usage sur les
frontières de la Turquie, pour y servir en qualité de soldats, moyens
doux et propres, comme on sait, à former d'excellens catholiques ;
mais la cour de Rome avait parlé, et l'on avait alors besoin d'elle; en
conséquence la plupart des places des professeurs proscrits furent
données aux ligoriens (jésuites) agens du pape, et auteurs de cette
injustice.

parmi eux d'hommes instruits et fermes dans leurs
principes, par des esclaves soumis à ses vues. Les
conséquences de ces mesures tyranniques, qui ont
inspiré une terreur et une indignation générales,
ont été, il est vrai, la révolte de ces universités et
l'enrôlement forcé des jeunes étudians; mais qu'im-
portait cela ! le mot favori de François était,
« que son gouvernement avait besoin de soldats
et non de savans. » Malgré toutes ces précautions, les paysans, bien qu'ils ne soient pas finan-
ciers, n'ignorent rien des honteux tripotages de
M. de Metternich et des Rotschild, et la protection
funeste et bien connue qu'ils reçoivent de plus haut
n'est pas de nature à concilier leurs affections et
leur respect à leur prince ; aussi les Autrichiens,
qui l'aiment sincèrement, ne portent-ils leur haine
que sur M. de Metternich, que, dans la naïve expression de leurs sentimens, « ils ne seraient pas
fâchés de voir pendu. » Quant aux Moraviens et aux
Bohémiens, les premiers, qui n'apprécient leur souverain que d'après ses actes à leur égard, ne parlent
qu'avec indifférence ou point du tout de lui ; mais
les derniers ont pour ce prince une aversion véritable et qui n'est dominée que par la crainte.
Nous avons dit plus haut quel genre de sentimens
lui portent les Hongrois. C'est à la connaissance
qu'a l'empereur des dispositions bien connues de

ces deux nations, qu'il faut attribuer la fréquence
de ses voyages en Bohème et en Hongrie, la dimi-
nution des impôts dont ces royaumes sont frappés,
et tous les efforts que fait l'empereur pour y reconquérir des sentimens que le système adopté par son
gouvernement à leur égard a pour jamais aliénés de
lui, et dont l'absence amènera probablement, à sa
mort, des évènemens auxquels le public est bien loin
de s'attendre et qu'il eût été si facile de conjurer.

Nous l'avons dit dans *les Souverains de l'Europe
en 1828*, et nous devons redire ici que bien qu'on
ait souvent répété que François n'était qu'un instrument dans les mains de M. de Metternich,
nous croyons avoir déjà prouvé et nous prouverons
encore que cette assertion manque d'exactitude en
plusieurs points. Sans doute il existe entre ces deux
hommes une parfaite similitude de sentimens et
de vues; sans doute le souverain de l'Autriche ne
pouvait rencontrer de ministre qui fût mieux fait
à sa taille, mieux assorti à son caractère; mais la
police secrète est toute dans les mains de François;
elle est en quelque sorte tout son gouvernement.
L'espèce de passion qu'il a pour l'espionnage est
si bien connue, elle est un tel moyen d'accès et
de faveur auprès de lui que le plus vil, le plus dif-
famé des individus, celui auquel aucun citoyen
respectable ne voudrait permettre l'entrée de sa

maison, peut approcher sans hésiter de l'empereur,
sûr d'en être accueilli avec intérêt s'il apporte avec
lui quelque délation. Ce qu'il y a de plus fâcheux,
c'est que ce prince a une très-bonne mémoire, et
qu'une fois compromis auprès de lui, on est certain de voir toute carrière fermée devant soi, heureux encore quand les préventions qu'il a reçues
n'ont pas un effet plus grave et ne poursuivent pas
celui qui en est l'objet jusqu'au fond de la retraite
dans laquelle il espérerait vainement pouvoir se cacher. Sous un semblable système de gouvernement,
l'éducation publique et l'exercice des emplois de
police se combinent de manière à produire une dégradation politique et morale, et comme le dit un
observateur habile auquel nous ne faisons aucune
difficulté d'emprunter un grand nombre de traits et
de remarques, ce qu'il y a de plus choquant dans
ce système de dégradation , c'est qu'il se suit sans
pudeur, tout naturellement, et comme s'il était
pratiqué par un maître en colère qui se croit tout
permis dans sa maison. La tyrannie avouée de Napoléon n'était pas plus redoutable que la tyrannie
sourde qui s'exerce sous François II ; elle fait em-
prisonner quand cela lui plaît, et sans qu'elle se
croie tenue à rendre aucun compte de ses motifs à
leurs familles et à leurs amis, princes, comtes,
prélats, propriétaires ; et si les étudians s'avisent

de murmurer contre ceux de leurs professeurs choisis de la manière dont nous avons parlé plus haut ,
on leur ferme la bouche d'une manière toute paternelle, en les envoyant faire le métier de soldats
sur les frontières de la Turquie.

Comme dans la plupart des princes de sa famille, il y a dans François II un assemblage de
simplicité et de despotisme, de franchise débon-
naire et de ruse jésuitique, de bienveillance et
d'égoïsme. C'est tout en se promenant dans sa
vieille calèche verte traînée par deux chevaux ,
vêtu d'une capote brune usée, couvert d'un mauvais chapeau, et en saluant amicalement à droite
et à gauche, qu'il signe, en toute sûreté de conscience, les ordres qui envoyent tels ou tels de
ses sujets, qu'on a réussi à rendre coupables à ses
yeux ou que leurs talens ont rendus suspects, dans
les donjons de Montgatz, de Komon ou de Spiel-
berg. On a vu plus haut qu'il y a en lui une dissimulation innée qui a trompé jusqu'à Napoléon. Peu
de confiance règne entre ce prince et sa famille ,
quoiqu'en apparence il vive assez familièrement avec
elle, et il n'est permis, ni à ses fils ni à ses frères,
de s'immiscer en aucune affaire qui ne rentre pas
directement dans leurs attributions directes. L'archiduc Reynier, vice-roi d'Italie, est, de ses sept
frères, celui que François aime le mieux ; il est ja-

loux de Charles ; trouve Jean trop savant, et le palatin trop impétueux. Lorsque ce dernier, veuf en premières noces d'Alexandrine Paulowna , fille de Paul Iᵉʳ de Russie, et en secondes d'Hermine, fille du prince d'Anhalt Bernbourg, appartenant à la religion réformée, lui demanda la permission d'épouser en troisièmes noces Marie-Dorothée , fille du duc de Wurtemberg, appartenant au même culte, François lui répondit avec aigreur : « Vous pouvez la prendre ; mais je prierai moi-même pour qu'elle vive long-temps, car je suppose que celle que vous prendriez ensuite serait juive ; » faisant ainsi, en sa qualité de prince catholique et apostolique, allusion aux trois mariages déjà contractés par son frère avec des familles grecques et protestantes. Au reste, comment ne pas croire à l'extrême sensibilité de François si l'on se rappelle qu'après sa première entrevue avec sa nouvelle épouse, il dit à son grand-chambellan, avec la naïveté d'expression qui lui est ordinaire : « En voici une qui soutiendra la bordée ; j'en suis bien aise, je n'aurai pas encore un enterrement dans quinze jours. »

Terminons ce tableau politique et moral par une esquisse de la vie journalière et des habitudes de François II. Ce prince se lève ordinairement à 6 heures, déjeune à sept, et s'occupe jusqu'à une

des affaires publiques ou de ses audiences. Depuis
la mort de M. de Wrbna son grand-chambellan
et son favori, avec lequel il se promenait habituel-
lement en calèche, il continue, mais moins régulièrement, ce genre de promenades avec l'impératrice et quelquefois avec un aide-de-camp. Il dîne
à quatre heures, et son repas est très-frugal. Après
dîner il visite ses plantes du jardin dit *le paradis*,
et va s'assurer si le nombre de ses pigeons est
complet; il prend beaucoup d'humeur s'il en manque quelqu'un ou si tout ne se trouve pas en règle
dans l'habitation de ses hôtes chéris. A six heures,
il se rend au pavillon du nouveau jardin impérial,
où il prend son café, toujours préparé par l'impératrice elle-même; cela fait, l'empereur exécute jusqu'au souper, avec son aide-de-camp et un autre
gentilhomme, des trios sur le violon : car si ce prince
n'aime pas la science, il aime au moins la musique.
L'intérieur de sa famille est exemplaire et présente
un spectacle inouï dans les maisons royales. Chacun
des princes qui la composent est tenu à apprendre
un art mécanique, idée toute philosophique et
qui, on ne sait comment, a pu traverser l'épaisse
atmosphère des préjugés auliques. Dans cette cour,
le prince impérial est tisserand, et les archiducs,
charpentiers et ébénistes. Tenons compte à l'empereur François de l'extrême régularité de mœurs

qu'il a réussi à établir au milieu d'une famille aussi nombreuse, et qui contraste d'une manière si étrange avec la profonde immoralité que son système de gouvernement maintient dans toutes les branches de l'administration de l'état.

Le plan de priver le prince impérial de la succession à la couronne existait depuis long-temps, et l'on en conçoit difficilement la cause, car ce prince, manquant, dit-on, de talent et même de capacité, il serait, par cela même, selon le cœur et l'esprit de son père. Il convient donc de chercher cette cause dans une réciprocité d'antipathie entre l'héritier du trône et M. de Metternich, et la conviction acquise par le premier que la politique de ce favori était contraire aux intérêts autrichiens, ce qui ne supposerait pas, de la part du prince, un dénuement de raison et de jugement, tel que les partisans du chancelier de cour et d'état autrichien se sont efforcés de le faire croire. Au reste, une réconciliation, apparente du moins, a eu lieu depuis quelque temps entre le prince de la couronne et le premier ministre. Survivra-t-elle d'un jour à la mort de François? c'est ce dont il est fort permis de douter.

De tous les princes de la famille royale, le jeune duc de Reichstadt est celui pour lequel François témoigne le plus de prédilection. Est-ce comme expiation? nous voudrions, mais nous n'osons le croire; trop d'antécédens se présentent à nos souvenirs. D'ailleurs tout ce qu'on sait de ce jeune homme, de son éducation, de la direction donnée à ses idées et à ses études annonce assez qu'il a été complètement sacrifié jusqu'ici aux alarmes de la cour de France.

Qu'on ne nous accuse point d'avoir fait un libelle ; nous en accepterions d'autant moins le reproche que nous sommes armés de pièces justificatives qui font déjà autorité en Europe. Au reste, · quand il n'y a point de responsabilité ministérielle ou quand cette responsabilité est illusoire, il faut bien remonter à la source des premières causes, et, dans ce cas, cette première source c'est le prince; or, comme jusqu'ici personne n'a songé à contester à l'histoire le droit de juger les princes, une conséquence rigoureuse de ce droit est, pour les écrivains contemporains, celui de recueillir dans des mémoires les faits qui doivent guider le travail de l'historien. L'opinion des contemporains est le tribunal de première instance des princes, et il est rare que ses jugemens soient réformés par l'histoire qui prononce en dernier ressort.

Terminons cet article par quelques mots sur la politique extérieure de l'Autriche, bien que cette politique soit jugée depuis long-temps. La guerre

d'Orient vient de la mettre dans un jour nouveau
et qui certes ajoutera peu à la gloire de ses hommes d'état. Trente-sept ans de guerre nous avaient
appris que, lâche et sans dignité dans les revers,
ténébreuse et perfide dans les temps douteux, elle
était ambitieuse et insolente dans la prospérité.
L'histoire du dix-neuvième siècle dira quelle fut
sa conduite à l'égard de la Grèce, pendant la longue
lutte de ce peuple héroïque contre ses oppresseurs ;
elle dira aussi quelle fut cette conduite pendant la
guerre d'Orient, et le genre de difficultés qu'elle
montra envers le prince loyal qu'elle appelait son
allié, lorsque la fortune parut un moment s'éloigner de lui. Pour nous qui n'avons eu d'autre prétention que celle de tracer quelques esquisses,
nous n'anticiperons pas, dans cet ouvrage, sur
cette partie importante de l'histoire des temps mo-
dernes, tout-à-fait étrangère à la nature du travail
que nous offrons au public.

FERDINAND-CHARLES-LÉOPOLD-JOSEPH-
FRANÇOIS-MARCELIN, PRINCE IMPÉRIAL D'AU-
TRICHE ET PRINCE ROYAL DE HONGRIE ET DE BO-
HÈME, héritier du trône de ces trois pays, né
le 19 avril 1793.

On parlait beaucoup, il y a quelques années,

du projet du prince de Metternich, d'écarter de la succession à la couronne ce jeune prince dont il sait qu'il est haï. Ce serait le quatrième exemple de la facilité avec laquelle on sait, en Europe, éluder au besoin ce que les cabinets sont convenus d'appeler le principe de la légitimité.

***

MINISTÈRE AUTRICHIEN.

Chancelier privé de maison, de cour et d'état, et ministre des affaires étrangères, le prince DE METTERNICH.

Chancelier de cour et ministre de l'intérieur, le comte DE SAURAU.

Président de la chambre générale de la cour, ministre des finances, le comte DE NADASDI.

Président suprême de justice, le baron FERDINAND DE FECHLIG.

Président de la haute police et censure, le comte DE SEDLENITZKY.

Président du conseil de guerre, le prince XAVIER DE HOHENZOLLERN-HECHINGEN.

Président de la cour suprême des comptes, le baron DE BALDACCI.

Directeur du cabinet, M. ANTOINE MARTIN.

***

AMBASSADEURS,

MINISTRES ET CHARGÉS D'AFFAIRES

D'AUTRICHE

PRÈS LES DIFFÉRENTES COURS DE L'EUROPE.

ANGLETERRE.	Le prince PAUL ESTERHAZY, amb. ext. et plén.
BADE.	Le comte DE BUOL-SCHAUENSTEIN, env. ext. m. p.
BAVIÈRE.	Le comte DE SPIÉGEL, env. extraord. et min. pl.
DANEMARCK.	Le comte DE COLLOREDO-WALSÉE, *idem*.
ESPAGNE.	Le comte BRUNETTI, env. extr. et min. plén.
ÉTATS ROMAINS.	Le comte DE LUTZOW, ambassadeur.
FRANCE.	Le comte ANTOINE D'APPONI, amb. ext. et min. pl.
NAPLES.	Le chevalier MENZ, conseiller de légation.
PAYS-BAS.	Le comte DE MIER, env. extr. et min. plén.
PORTUGAL.	
PRUSSE.	Le comte DE TRAUTMANSSDORF-WEINSBERG, envoyé extraord. et min. plén.
RUSSIE.	Le baron DE KAISERSFELD, chargé d'affaires dans l'absence d'un ambassadeur. — Le comte DE FIQUELMONT, en mission extraordinaire.
SARDAIGNE.	Le comte DE SENFT-PILSACH, env. ext. et m. pl.
SAXE.	M. D'EMMERICH, chargé d'affaires.
SUEDE.	Le comte DE WOYNA, *idem*.
TOSCANE.	Le comte DE BOMBELLES, env. ext. et min. plén.
TURQUIE.	Le baron D'OTTENFELS GESCHWIND, internonce.
WURTEMBERG.	Le prince ALFRED DE SCHOENBOURG, env. ext. et m.

ESPAGNE.

ESPAGNE.

FERDINAND VII, ROI.

Nous avons, en 1828, laissé Ferdinand VII aux
prises avec la faction Carliste, dont le but, au mépris de cette légitimité pour laquelle tant de sang
a été répandu, depuis 15 ans, en Espagne, est
maintenant de faire passer la couronne de ce pays
sur la tête de don Carlos, époux de l'infante Ma-
rie-Françoise d'Asis, fille du roi Jean VI de Portugal et digne sœur de don Miguel. Don Carlos,
prince ignorant, fanatique et féroce, auquel il est
peut-être réservé de faire regretter un jour Ferdinand, n'est pas seulement l'ennemi politique de
son frère : des rapports intérieurs de famille les
avaient brouillés depuis long-temps, et leur haine
mutuelle date de plus de dix années. La cour de
Madrid présente à la fois, sous le double rapport
de la politique et de la famille, le plus bizarre, le
plus odieux et le plus déplorable des spectacles.
Elle est divisée comme le royaume ; et, tandis que
Ferdinand, qui joint du bon sens et même de l'esprit naturel à l'absence presque totale de toute

instruction, sait qu'il a tout à craindre des intrigues à la tête desquelles est placé son frère : que personne n'ignore à la Cour la nature des liaisons qui ont existé entre le monarque et sa belle-sœur et les éclats auxquels ces liaisons ont plus d'une fois donné lieu, ce même Ferdinand qui, en Espagne, combat pour son propre compte en faveur du principe de la légitimité, prête, en Portugal, contre ce même principe, son appui à l'abominable don Miguel frère de sa belle-sœur, lequel, de son côté, livre à son beau-frère les têtes des infortunés Espagnols qui, à la suite des troubles des deux pays étaient venus chercher un asile en Portugal, en échange de la reconnaissance de son titre de roi, que Ferdinand lui promit long-temps et qu'il vient de lui accorder.

Comme il n'entre pas dans notre mission de peindre l'état politique de l'Espagne, la ruine de son crédit, de son commerce, de son industrie, et qu'en dernier résultat, Ferdinand ne figure qu'en seconde ligne dans les calamités qui accablent ce pays, dont la liberté, restreinte dans les bornes légales que voulaient lui imposer ses Cortès, eût infailliblement agrandi les destinées, et qui doit toutes ses misères aux prétendus secours que lui ont portés ses alliés, nous continuerons à nous renfermer dans le cercle que nous nous sommes tracé, et dont nous ne sortirons que lorsqu'il sera impossible de séparer l'homme des mesures de son gouvernement.

Ferdinand jouit avec ivresse, et comme un enfant auquel on aurait rendu une poupée dont il aurait été privé long-temps. des charmes du pouvoir absolu. Le misérable état de ses finances, seul *veto* qu'il connaisse maintenant à l'exercice de ses volontés, modère quelquefois, il est vrai, la vivacité de cette jouissance, et il est sans doute pénible pour celui qui peut faire enfermer et pendre qui bon lui semble, de manquer souvent de quelques réaux pour entreprendre un voyage à la campagne, ordonner une revue, ou commander une fête, (car nous ne mettons pas au nombre des chagrins de ce prince, l'impossibilité où est l'état de payer ses serviteurs et ses soldats) de satisfaire à ses engagemens, d'équiper des flottes, de faire avec succès des expéditions lointaines, de reconquérir des colonies pour jamais séparées de leur métropole; non, l'Espagne en est témoin, ce n'est pas sur de semblables objets que se portent les regrets de Ferdinand. Il est, à cet égard, doué de toute la philosophie de sa famille, et ferait volontiers le sacrifice des plus belles provinces du royaume, à la conservation de ses palais de Madrid, de l'Escurial, de la Grange, etc. Personne, plus que Ferdinand, ne serait disposé, au besoin,

à reprendre au clergé espagnol les dons qui, depuis plusieurs siècles, lui ont été faits par une
crédulité superstitieuse ; et c'est précisément parce
que cette disposition de son esprit est bien connue, que son frère Carlos trouve, dans ce même
clergé et dans le peuple qui lui est fanatiquement
asservi, des points d'appui redoutables contre le
monarque, et des soldats toujours disposés à s'armer au nom de la religion. En Espagne comme
en Autriche, et par un principe commun aux états
passés à diverses époques sous le sceptre des mêmes monarques, les souverains ont toujours pensé
que l'ignorance des peuples était le meilleur moyen
de les gouverner: mais les princes espagnols n'ont
pas réfléchi que la différence du génie des peuples
modifie ce moyen, et que ce qui s'accommode mer-
veilleusement avec le caractère calme, froid et
calculé de l'impassible Autrichien, ne saurait convenir au tempérament de feu de l'impétueux
Espagnol ; aussi l'absence de toute instruction qui,
chez l'Autrichien, n'a d'autre effet que de le maintenir dans l'obéissance et dans une parfaite insouciance d'apprendre ce qu'on veut qu'il ignore,
excite de vives effervescences dans l'Espagnol,
peut toujours être exploité avec succès par ceux
qui ont su pénétrer son génie et s'emparer de ses
passions; et le rend, au nom de la religion, capa-

ble des plus grands excès. La guerre civile, la formation des guérillas royalistes et constitution-nelles, l'invasion française elle-même, et plus tard la formation des bandes de Bessières en ont donné des preuves incontestables, lorsqu'à la fin de 1828, des révoltes simultanées, dirigées contre l'autorité royale, éclatèrent dans la Catalogne et sur les fron-tières du Portugal. On dut croire alors que jamais l'Espagne ne sortirait du gouffre anarchique où elle était plongée, et cependant Ferdinand ne se montra, dans ces diverses circonstances, que très-faiblement affecté d'un état de choses dans lequel son trône et sa vie pouvaient, à tout instant, se trouver compromis. Depuis que l'Espagne a cessé d'être ouvertement agitée par des partis, dont l'un voulait le rétablissement de la liberté telle que Ferdinand l'avait sanctionnée lui-même, et l'autre celui du pouvoir absolu et de l'inquisition, tels que la révolution du 9 mars 1820 les avait renver-sés, les seuls mouvemens insurrectionnels qui se soient faits ressentir en Espagne, sont ceux de la faction fanatique qui ne veut ni de la liberté, ni de Ferdinand, sachant bien qu'elle n'obtiendra ja-mais de ce dernier, vassal du cabinet des Tuile-ries et délivré par lui, rien qui soit en contradic-tion trop marquée avec les principes généraux de la civilisation ou avec ceux qui le régissent lui-même : rien surtout qui tende à remettre le pouvoir dans les mains d'un clergé ambitieux, ignorant et barbare. Il y a sans doute, en dissimulation et en cruauté, plus d'étoffe dans Ferdinand VII qu'il n'en faut pour faire un tyran achevé, mais le courage, la force de caractère, la persévérance dans le mal, manquent à ce prince. Il appartient tout entier aux circonstances, et passe facilement d'un sentiment à un autre; aussi les courtisans qui connaissent bien cette disposition de son ame, en ont-ils constamment tiré un parti favorable à leurs funestes desseins. Un ouvrage publié, il y a deux ans, par un ancien officier espagnol *, long-temps plongé dans les cachots de l'inquisition pour avoir servi la cause de la liberté de son pays, et échappé à ces cachots par une sorte de prodige, donne, sur le caractère de Ferdinand, des détails que l'histoire consultera avec fruit, quand le jour de la vérité luira sans nuage sur les époques de gloire et de malheur dont nous sommes les contemporains.

Si Ferdinand n'a point trouvé le bonheur dans sa propre famille, il l'a bien moins trouvé encore dans ses alliances au dehors. Veuf, en 1806, d'une princesse napolitaine, fille du roi Ferdinand IV; en 1818, d'une princesse portugaise, fille de Jean VI;

* Mémoires de don Juan van Halen, Bruxelles, Londres et Paris.

et, en 1829, d'une princesse saxonne, fille du prince Maximilien-Ferdinand, il est, en juillet de la même année, sur le point de revenir à sa propre famille et de contracter un nouveau mariage avec une princesse napolitaine, fille du roi actuel de Naples, François Ier, lequel a, comme son cousin, prêté à la constitution de son pays des sermens que les résultats ont prouvé avoir été aussi sincères. Depuis plusieurs années, il ne restait plus à la dernière reine d'Espagne, qui n'en avait été informée, selon l'usage, que lorsque ce bruit était public à la ville et à la cour, aucuns doutes sur les causes de l'éloignement de son mari pour elle. Pieuse jusqu'à la superstition, on la voyait, pendant les voyages de l'Escurial, passer des matinées entières en prières dans l'église, et s'interterdire au dehors toute distraction, presque toujours renfermée en elle-même. Il paraît que cet intérieur était devenu insupportable au roi auquel il est arrivé plus d'une fois de passer des journées sans la voir. Au reste, la monotonie de cette cour est devenue telle dans ces derniers temps, et chaque jour a une telle ressemblance avec celui qui le précède et celui qui le suivra, que, s'il est vrai, comme le dit un auteur célèbre (Montesquieu), que, de toutes les histoires, celle des peuples heureux soit celle qui ait le moins d'intérêt, il

faudrait en conclure que les Espagnols sont le peuple le plus heureux de la terre, ce qui ne nous
est encore prouvé que par des assertions de *la
Quotidienne* et de *la Gazette de France*.

Dans l'état déplorable auquel l'Espagne est réduite
depuis le rétablissement du pouvoir absolu, Ferdinand a eu plusieurs fois le désir de récompenser son
armée et sa marine, mais ses efforts ont été vains :
ses ordres sont restés sans exécution ; l'argent et
la bonne volonté de ses sujets lui manquaient également. L'instruction était fort négligée parmi les
officiers de terre et les marins, et il n'y avait plus
de moyens d'organisation. Depuis le monarque
jusqu'aux sujets des dernières classes de l'état,
tout était tombé dans le même marasme qui
avait précédé la révolution de 1820. Ce marasme,
vieille maladie du corps social espagnol, qui avait
fait d'effrayans progrès dans ce pays sous les successeurs de Philippe II et surtout depuis l'avènement des Bourbons au trône de la péninsule, s'ac-
crut, après l'invasion française de 1823, de tout le
découragement qui s'empara de tous les hommes
éclairés, déjà en si petit nombre dans ce pays, et
de l'épouvantable persécution dirigée par Ferdinand et l'inquisition, à laquelle on avait tout rendu,
excepté son titre, contre toute la classe propriétaire, négociante, industrielle, militaire, qui avait

fait ou soutenu la révolution. Dès-lors, crédit,
commerce, esprit public, tout fut précipité dans
le même abyme, et s'il resta en Espagne (car une
frénésie insensée et furieuse semblait s'être emparée du monarque et de toute sa cour) un seul
homme en état de juger sainement de l'état des
affaires, il put reconnaître le pouvoir absolu à ses
bienfaits, et présager dès-lors la dégradation toujours croissante du pays, jusqu'à la crise plus ou
moins éloignée qui sera produite, soit par une
guerre étrangère, soit par les convulsions intérieures d'un état aux abois, et qui amèneront l'inévitable dissolution d'un corps social auquel manqueront à la fois tous les moyens d'existence. C'est
au milieu de cette longue et ignoble agonie, qu'il
ne doit imputer qu'à lui-même, et dont il subit
toutes les conséquences, que Ferdinand VII se
dispose à épouser sa nièce la princesse Marie-
Christine de Naples, âgée de 23 ans, fille de sa
propre sœur, et sœur de la femme de son second
frère, l'infant don François de Paule. Cette princesse qui réunit une grande force de caractère à
beaucoup de beauté, de grâces et de bonté, est
animée des meilleurs sentimens en faveur des mal-
heureuses victimes des discordes civiles, et comme,
avec tant de qualités distinguées, il est impossible
qu'elle n'obtienne pas un grand empire sur son

époux, on attend beaucoup de sa généreuse influence en faveur d'un si grand nombre d'honorables infortunes. Ferdinand paraît désirer vivement que ce mariage s'accomplisse dans le plus
bref délai, car lorsque le chef d'escadre Sartorio
qui s'est rendu dernièrement au Ferrol pour y
prendre le commandement de l'escadre, ou plutôt
du seul vaisseau que l'Espagne compte maintenant
dans ses ports et qui doit aller à Naples pour
y recevoir la future reine, a pris congé du roi,
ce prince, comme s'il eut encore à sa disposition
les trésors du Mexique et du Pérou, lui a dit :
« Va vite et reviens vite ; *que les dépenses ne t'arrêtent pas ;* pars à l'instant, et aplanis toutes
les difficultés qui pourraient se présenter à toi. »
Aux immenses préparatifs qui se font pour cé-
lébrer le mariage de Ferdinand, il est probable
que la facile conquête de la princesse des Deux-
Siciles coûtera presque aussi cher à l'Espagne que
l'expédition contre le Mexique. Nous espérons pour
cet infortuné pays que la première de ces conquêtes lui donnera plus de bonheur que la seconde,
en la supposant possible, ne lui rapportera de gloire!
c'est du reste une chose assez remarquable que ces
alliances des Bourbons, à peu près exclusives, depuis 1815, dans leur propre famille, et qui pou-
raient donner lieu à beaucoup de conjectures, dans

un moment où un semblable système d'alliances entre mêmes familles paraît être suivi dans le nord.

Après beaucoup de tentatives inutiles , d'essais infructueux de la part du gouvernement espagnol pour reconquérir ses états d'Amérique échappés à la domination *usurpée* de l'Espagne , il est enfin tombé dans la tête de Ferdinand, trop faiblement organisée', comme on a pu s'en convaincre dans *les Souverains en* 1828, pour enfanter aucun grand projet national, de préparer, à Cuba, une expédition contre le Mexique. Aussi mauvais politique qu'administrateur imprévoyant, il paraît que, cette fois, il n'avait voulu mettre personne dans sa confidence, pas même le général Vivès , capitaine-général de l'île de Cuba, sous les yeux duquel tout devait se passer, et qu'il avait nommé, de son chef et sans consulter son conseil, un certain brigadier Barradas, chef de l'armée expéditionnaire destinée à cette importante entreprise, que , nous aimons à le redire pour le bonheur de l'humanité , il lui sera impossible d'accomplir. Les divisions qui avaient éclaté, dès les premiers jours, entre le capitaine-général de Cuba et le général expéditionnaire , quoique apaisées en apparence , en sont l'heureux présage ; mais celui sur l'effet duquel il est permis de compter davantage est l'opposition secrète et inévitable du gouvernement Britannique et de celui des États-Unis à l'exécution d'un semblable projet, qui renverserait toutes les relations commerciales établies entre eux et les États, reconnus indépendans, des deux Amériques. C'est la première conception de quelqu'importance qui soit sortie jusqu'ici de la tête de Ferdinand, aidé de son confesseur le père Cyrilo. Il faut avouer que l'imprudence de ce plan confirme pleinement tout ce que nous avons dit précédemment, et tout ce que l'Europe a répété avec nous sur le caractère et les talens personnels de ce prince, qui s'est montré plus habile à tourmenter ses sujets qu'à relever l'honneur et la gloire du nom espagnol. Certes, cette expédition qu'il a bien fallu finir par soumettre au conseil et sur laquelle il a été divisé d'opinion n'atteindra pas son but. On peut même affirmer d'avance qu'elle amènera un résultat tout contraire. Les articles violens, mais trop bien fondés, insérés dernièrement dans le *Constitutionnel français*, contre la solidité des placemens faits dans l'emprunt d'Espagne et en général contre toute espèce de placement dans les fonds de ce pays, réservé à une banqueroute imminente et honteuse dans le cas où son gouvernement ne se résoudrait pas à mettre la main sur les biens mal acquis d'un clergé fanatique et cruel, dont toute l'existence n'est fondée que sur la crédulité superstitieuse et l'ignorance des peuples et son habileté à les exploiter, ces articles ont vivement affecté Ferdinand, et nous le croyons sans peine, car ils portent une attaque directe au crédit espagnol, déjà tombé si bas en Europe et dont l'anéantissement total doit, pour nous servir d'une expression triviale et toute populaire, forcer le gouvernement de ce pays *à mettre la clef sous la porte,* en proclamant sa banqueroute. Ce n'est pas qu'au fond une banqueroute semblable, si elle ne touchait qu'aux intérêts du pays, affectât beaucoup le cœur de Ferdinand, mais il a trop bien appris à ses dépens, depuis quelques années, que la chute rapide du crédit, dans le pays qu'il gouverne, porte atteinte à toutes ses jouissances personnelles, le condamne à des privations, et que surtout, et quoi qu'en puissent dire certains partisans de l'absolutisme « la misère des peuples ne fait pas la richesse des rois. » Quoi qu'il en soit; il faut s'attendre à voir l'Espagne végéter longtemps, sous son gouvernement orgueilleux et misérable, dans les voies de la dégradation où elle est rentrée plus que jamais depuis que, dans le langage de la plupart des cabinets du continent, elle est replacée sous son gouvernement *légitime.*

Un évènement très-grave a menacé, en septembre 1829, les jours de Ferdinand. Il se rendait de

St-Ildephonse à l'Escurial, lorsque l'avant-train de
sa voiture s'étant détaché tout à coup, il a été violemment précipité sur les panneaux de devant, et
sa tête ayant frappé avec force contre la glace,
cette glace en se rompant lui a fait au front une
assez profonde blessure, d'où jaillit une quan-
tité de sang considérable. Avant que la plaie eut
été visitée, on avait conçu beaucoup de craintes;
cette visite faite et toute apparence de danger ayant
disparu, il ne s'est plus agi que de laisser au temps
le soin de cicatriser la blessure. Cependant un ac-
cident survenu quelques jours après a fait renaître les inquiétudes. Ferdinand, assistant à l'office
divin, dans la chapelle de l'Escurial, a perdu tout
à coup connaissance. Il était à genoux et serait
tombé sur le marbre s'il n'avait été promptement
soutenu par l'une des personnes qui se trouvait auprès de lui. C'est dans cet état qu'on l'a transporté
dans ses appartemens, où il a été placé sur son lit,
privé de parole et de sentiment. On pense bien
que cet évènement a donné lieu à des conjectures
de tout genre, et que les soupçons d'empoisonnement n'ont pas été oubliés. Quel est donc l'état
auquel cette misérable Espagne est réduite, puisque, au moment même où nous écrivons et après
tant de vengeances et d'atrocités politiques com-
mises au nom ou par les ordres de Ferdinand, la

mort de ce prince y passerait pour une calamité;
il est vrai qu'il aurait don Carlos pour successeur
et que ce nom explique tout. On doit cette justice
au ministère français renversé le 8 août 1829, que
ses conseils et son attitude ont puissamment contri-
bué à ramener Ferdinand dans les voies d'une sorte
de modération, si l'on veut comparer ce qu'il est
à ce qu'il fut ; mais que l'on arrête un moment sa
pensée sur ce que peut, d'un jour à l'autre, devenir l'Espagne gouvernée par don Carlos sous le
patronage du ministère Polignac. Les misères de
ce pays ne touchent donc pas à leur terme.

N. B. Nous terminons cet article à l'instant où
nous apprenons que Ferdinand vient de reconnaître
don Miguel, comme roi légitime de Portugal. Il
est vrai qu'il a eu pour prédécesseur et pour modèle, dans cette reconnaissance, l'empereur de
Maroc, excellent juge, comme on sait, en matière
de *légitimité,* et dont nous ne doutons pas que
l'exemple ne soit bientôt suivi par les Wellington,
les Metternich, les Polignac et les autres diplo-
mates de cette trempe.

6

CHARLES-MARIE-ISIDORE,
(DON CARLOS.)

Nous n'avons rien à ajouter sur ce prince, à ce que nous en avons dit dans *les Souverains de l'Europe, en* 1828. Le parti fanatique espagnol, dont il est le chef, voit avec fureur et désespoir le mariage actuel de Ferdinand VII avec la princesse Marie-Christine de Naples, car il perd, par ce mariage, toute chance de voir monter Don Carlos sur le trône. Un motif plus puissant encore de l'aversion de ce prince et de sa faction pour la nouvelle reine, c'est la connaissance du généreux caractère de cette jeune princesse, qu'on s'accorde à présenter comme douée des plus heureuses qualités et opposée surtout au système de persécution qui, depuis 1815, opprime la malheureuse Espagne.

MINISTÈRE ESPAGNOL.

Secrétaire d'état, ministre des affaires étrangères, M. Salmon (*ad interim*).

Ministre de grâce et justice, don Francisco Tadeo de Calomarde.

Ministre de la guerre, le marquis de Zambrano.

Ministre de la marine, don Luis Maria de Salazar.

Ministre des finances, don LUIS LOPEZ DE BAL-
LESTEROS.

AMBASSADEURS,
MINISTRES ET CHARGÉS D'AFFAIRES
D'ESPAGNE
PRÈS LES DIFFÉRENTES COURS DE L'EUROPE.

ANGLETERRE.	Don FRANCISCO DE ZÉA BERMUDÈS, envoyé extraor. et ministre plénipotentiaire.
AUTRICHE	Don JOAQUIN DE CAMPUZANO, *idem*.
BADE.	. . . .
BAVIÈRE.	. . . .
DANEMARCK.	Don ANTONIO SANQUIRIAS, chargé d'affaires.
ÉTATS ROMAINS.	Don PEDRO LABRADOR, ambassadeur extraord.
FRANCE.	Le comte D'OFALIA, ambassadeur.
NAPLES.	M. J. ALVAREZ DE TOLEDO, envoyé ext. et ministre plénipotentiaire.
PARME.	. . . .
PAYS-BAS.	Le chevalier D'ANDUAGA, env. extr. et min. plén.
PORTUGAL.	
PRUSSE.	Don LOUIS FERNANDEZ DE CORDOVA, envoyé extr. et min. plén.
RUSSIE.	Don JUAN MIGUEL PAEZ DE LA CADENA, envoyé extraordinaire et ministre plénipotentiaire.
SARDAIGNE.	Le marquis DE BASSECOURT, env. ext. et m. pl.
SAXE.	M. J. DE VIAL, ministre résident.
SUEDE.	Don JOSE DE APARICI, chargé d'affaires.
TOSCANE.	Don MANUEL DE VILLENA, chargé d'affaires.
TURQUIE.	M. DE VILLALBA, ministre résident.
WURTEMBERG.	. . . .

DANEMARCK.

DANEMARCK.

FRÉDÉRIC VI, ROI.

L'état de ce pays, gouverné par le despotisme le plus absolu, et voisin du peuple le plus loyalement constitutionnel de l'Europe (1), n'a subi aucun changement depuis l'année dernière. Tous les pouvoirs y sont concentrés dans la main royale, et, par le plus étrange des phénomènes, celui d'un prince absolu qui se soumet de sa propre volonté aux lois de son pays, il n'est pas un seul peuple en Europe qui jouisse d'une plus grande somme de liberté effective. Au reste, en rendant au caractère personnel du roi de Danemarck l'hommage auquel il a un droit si incontestable et si légitime, nous ne pouvons que rappeler ici une vérité, devenue aujourd'hui la base du droit commun de tous les peuples et que nous avons hautement proclamée dans *les Souverains de l'Europe en* 1828 : c'est que les chartes constitutionnelles et les lois fondamentales

(1) La Suède.

ne sont pas établies contre les bons princes, mais contre ceux qui ne possèdent pas les vertus et les qualités nécessaires pour rendre heureux les peuples à qui la providence et le choix de ces peuples, première source humaine de tout droit au trône, ont commis le soin de les gouverner; or, comme les bons princes sont mortels, les peuples ne sauraient prendre trop de précautions contre ceux de leurs successeurs qui pourraient ne pas leur ressembler. C'est, sous ce point de vue, que tout homme raisonnable ne saurait trop désapprouver l'imprudence d'une nation qui, dans le délire de son amour pour son souverain, et quelles que soient d'ailleurs les qualités extraordinaires par lesquelles cet amour puisse être justifié, fait à ce souverain ou plutôt à nous ne savons quel prestige aveugle et funeste, le sacrifice des droits qu'il tient de Dieu même et des garanties sans lesquelles ces droits ne sauraient exister. La conduite du ou des successeurs de Frédéric VI prononcera, dans un temps qu'il est impossible de fixer mais qui arrivera nécessairement parce qu'il est dans l'ordre des choses humaines qu'il arrive, entre les éternels principes de justice, de raison, de conservation de soi-même, auxquels les nations ne peuvent renoncer sans se rendre coupables d'une sorte de suicide politique, et l'acte par lequel, aliénant son indépendance et ses libertés, la Nation Danoise a fait une abdication volontaire de ses droits, en remettant le pouvoir *absolu* dans les mains de ses Monarques.

CAROLINE,
PRINCESSE ROYALE DE DANEMARCK.

Est née le 28 octobre 1793. Le trône de ce pays ayant été constamment occupé par des hommes depuis la mort de Marguerite de Valdemar, surnommée la Sémiramis du Nord, qui fut reine de Danemarck par son père, de Norwège par Hacquin son mari, et de Suède par ses victoires contre Albert, il n'est pas probable qu'après une si longue exclusion des femmes, la princesse Caroline y soit appelée. A l'exclusion de cette princesse, la couronne de Danemarck passera sur la tête de Christian-Frédéric, né le 18 décembre 1796, proclamé roi de Norwège le 19 mai 1814, abdicataire de ce trône le 15 août suivant, et marié à Caroline-Amélie, fille du duc Frédéric de Holstein-Sonderbourg, née le 28 juin 1796.

MINISTÈRE DANOIS.

Ministre des affaires étrangères, le comte DE SCHIMMELMANN.

Ministre des finances, M. DE MOESTING.

Ministre privé d'état, chef de la chambre de commerce et des douanes, M. DE SCHESTEDT.

Ministre privé d'état et de justice, président de la chancellerie danoise, M. DE STEEMANN.

Ministre privé d'état, président de la chancellerie allemande, le comte DE MOLTKE.

Ministre privé d'état, M. MALLING.

AMBASSADEURS,

MINISTRES ET CHARGÉS D'AFFAIRES

DE DANEMARCK

PRÈS LES DIFFÉRENTES COURS DE L'EUROPE.

ANGLETERRE.	Le comte EMILE DE MOLTKE, envoyé extraord.
AUTRICHE.	Le comte JOACHIM DE BERSTORFF, *idem.*
BADE.	. . . .
BAVIERE.	. . . .
ESPAGNE.	M. SUND, chargé d'affaires.
ETATS-ROMAINS.	M. DE BROENSTED, agent diplomatique.

FRANCE.	M. DE JUEL, envoyé extraordinaire.
NAPLES.	M. VOGT, chargé d'affaires.
PARME.	. . . .
PAYS-BAS.	Le baron DE SELBY, env. extr. et min. plen.
PORTUGAL.	. . . .
PRUSSE.	Le comte DE REVENTLOW, env. extr. et min. plén.
RUSSIE.	Le comte DE BLÔME, envoyé extraordinaire.
SARDAIGNE.	. . . .
SAXE.	M. DE COOPMANS, chargé d'affaires.
SUEDE.	M. DE HOCHSCHILD, envoyé extraordinaire.
TOSCANE.	. . . .
TURQUIE.	Le baron chevalier DE NUBSCH GROSTALL, env. ext.
WURTEMBERG.	. . . .

DANEMARCK.

FRANCE. [illegible]
NAPLES. [illegible]
PERSE. [illegible]
PAYS-BAS. [illegible]
PORTUGAL. [illegible]
PRUSSE. [illegible]
RUSSIE. [illegible]
SARDAIGNE. [illegible]
SIAM. [illegible]
SUEDE. [illegible]
TOSCANE. [illegible]
TURQUIE. [illegible]
WURTEMBERG. [illegible]

FRANCE.

FRANCE.

CHARLES X (Philippe), ROI.

Poursuis, ... avec de tels ministres
Par des faits glorieux tu vas te signaler,
Poursuis, tu n'as pas fait ce pas pour reculer.

BRITANNICUS, Acte vme.

Depuis l'époque à laquelle a été publiée la première partie de cet ouvrage, Charles X a laissé tomber, aux acclamations des Français et de l'Europe, le ministère, vraiment déplorable, allié secret de tous les cabinets ennemis des libertés de la France, et que, par un inconcevable aveuglement, ce prince, qui paraissait ne pouvoir plus s'en détacher, a poursuivi de sa bienveillance même après sa chute. Les cordons, les pensions, la pairie, les retraites honorables et lucratives de tout genre, tout a été prodigué à des hommes qui, si l'on en excepte de tout point le respectable duc de Doudeauville, jeté, on ne sait comment, au milieu d'indignes collègues dont il s'est séparé de lui-même avant que le trône en eût fait justice, et peut-être, sous l'unique rapport des intentions, le ministre des affaires étrangères (baron de Damas,) avaient plus de droit à l'échafaud des traî-tres qu'aux faveurs du monarque. Au nom des ver-tus foulées aux pieds par ces misérables, rendons grâces à Charles X d'avoir enfin accueilli les lon-gues doléances des Français, et banni de ses con-seils des hommes qui ne furent guère moins cou-pables envers lui qu'envers les peuples confiés à son gouvernement, puisqu'enfin, à raison de la longue oppression sous laquelle ils ont gémi et de l'impunité dont jouissent leurs oppresseurs, les peuples, long-temps incertains sur les causes de leurs malheurs, se-raient en droit de demander quel est le pouvoir qui nomme et révoque les ministres ! Nous ne conseille-rons pas à la France, aussi long-temps qu'elle n'aura point à redouter le retour du système dont elle s'est délivrée et des hommes qui le lui imposèrent, et dont nous n'avons plus à nous occuper, de s'ap-pesantir sur d'aussi affligeans souvenirs ; mais si de nouveaux dangers venaient à renaître pour elle, non tels que se les créent quelques imaginations ma-lades, mais des dangers réels, imminens et fondés sur des faits positifs, certes, nous n'hésiterions pas à réveiller le zèle de ses enfans, et à les ap-peler à la défense de leurs droits, car c'est mainte-nant une vérité incontestable et reconnue en Europe, que, de la conservation des libertés de la France et de leur usage sage et constitutionnel, dépend, dans toute l'Europe, le maintien de ces libertés partout où elles existent, et leur introduction progressive et légale là où elles n'existent pas encore. Ce n'est plus, nos propres observations nous forcent à le reconnaître, par de vaines, d'inconstantes et d'équivoques paroles, que les rois de France, sous le gouvernement constitutionnel donné par le sage Louis XVIII, peuvent maintenant obtenir des peuples la confiance dont ils ont besoin, car le temps des déceptions est passé. Deux moyens, mais deux moyens tout-puissans et infaillibles, leur restent : les actes de leur gouvernement, qui sont l'expression de leur politique intérieure et extérieure, et le choix des hommes destinés à exécuter ces actes, qui doit servir de garantie à cette politique. Avec ces deux moyens réunis, et ils ne sauraient l'être qu'avec une franchise parfaite et réciproque, de la part du prince, de ses ministres et des représentans de la nation, tout devient simple, facile, et va en quelque sorte de soi-même dans l'administration de l'état comme dans la politique extérieure ; par l'absence d'un seul de ces moyens, il y a désaccord, défiance, inquiétude et agitation, et bientôt, infaillibles conséquences de toutes ces choses. Voyons maintenant si ce que nous venons d'établir comme conditions nécessaires, indispensables de tout gouvernement représentatif, est bien compris par le roi Charles X.

Reprenons, au commencement de 1828, la suite des faits que nous avons laissés à la fin de décembre 1827.

Ce fut le 5 janvier, après une attente longue et trompée tous les jours depuis plusieurs mois, que parut enfin dans le Moniteur, sous la date du 4, l'ordonnance royale qui appelait un nouveau ministère. Ce ministère, dans la composition duquel avait d'abord figuré le nom du prince Jules de Polignac, que l'affection particulière du roi y appelait, fut enfin définitivement constitué et formé de MM. de la Ferronnays, aux affaires étrangères : Portalis, à la justice ; Martignac, à l'intérieur ; De Caux, à la guerre ; Roy, aux finances ; Saint-Cricq, au commerce. Depuis il fut complété par les nominations de MM. Hyde de Neuville, à la marine ; Vatimesnil, à l'instruction publique, et Feutrier, évêque de Beauvais, aux affaires ecclésiastiques. Ce ministère inspira une confiance générale ; mais, par malheur, et comme si l'on eût voulu donner une sorte de compensation à la joie publique, le même jour vit paraître deux ordonnances royales dont l'une nommait MM. de Villèle, Peyronnet, Corbière, Clermont-Tonnerre et Damas, ministres d'état et membres du conseil privé, et l'autre, en date du 3, c'est-à-dire, un jour avant qu'ils eussent rendu le portefeuille, élevait MM. de Villèle, Peyronnet et Corbière à la dignité de pairs du royaume, et dérogeait en leur faveur à l'article premier de l'ordonnance du 25 août 1817, qui exigeait la formation préalable d'un majorat. Paris et la France n'apprirent qu'avec douleur ces scandaleuses nominations, faites et contre-signées par les ministres congédiés eux-mêmes, puisqu'elles ont pour date le 3 janvier, et que l'ordonnance qui appelait un nouveau ministère n'était datée que du 4. Cette irrégularité, dont l'intention était évidente, indigna plus encore qu'elle ne prêtait à rire, en annonçant à la France que MM. de Villèle, dont l'immense fortune est connue, et Peyronnet, dont les dilapidations ont retenti à la chambre des députés et dans toute la France, sortaient tellement pauvres des affaires, qu'ils n'avaient pas, même après *six ans* d'un ministère pendant lequel ils avaient exercé le pouvoir le plus absolu sur la fortune et les libertés de la France, de quoi constituer un modeste majorat de 20 mille livres de rente, qui représentait tout au plus 400 mille francs d'économies. Les autres nominations dans la haute administration furent faites dans un même esprit; partout on reconnut l'empreinte du génie malfaisant qui, depuis ces six dernières années, tyrannisait la France. Six noms seulement avaient été effacés de l'almanach royal, mais la cour ne voulait rien changer au système. De tous les points du royaume, les réclamations, les plaintes furent unanimes. Les ministres étaient portés à y faire droit; il y allait d'ailleurs de leur intérêt; mais la volonté puissante d'une faction audacieuse et toujours menaçante paralysa tellement leurs résolutions et les plaça dans une position si difficile, entre leur propre conscience et celle de Charles X, qui ne voit de salut pour son ame, dans l'autre monde, que par la domination des prêtres dans celui-ci, qu'il fallut renoncer à toutes les améliorations sur lesquelles avait compté la France, et que les nouveaux ministres, qui ne connaissaient encore qu'imparfaitement les difficultés du terrain sur lesquels ils se trouvaient placés, n'avaient ni calculées, ni peut-être encore aperçues, tant ils se livraient eux-mêmes aux flatteuses espérances d'un séduisant avenir. L'on put juger, dès lors, que la funeste influence qui, depuis plusieurs années, présidait aux résolutions de Charles X, exerçait encore tout son empire. Entrons, autant du moins que nous le permettront les proportions de cet ouvrage, dans ce pénible examen, pendant lequel nous aurons quelquefois, même en énonçant des faits accusateurs dont nous retrouverons presque toujours la source et la cause dans une détestable éducation et les préjugés gothiques qui en sont les tristes conséquences, à rendre justice à des intentions souvent nobles, humaines, généreuses, auxquelles il n'a manqué que de meilleurs conseillers et de plus justes applications.

Nous dissimulerions vainement ce qui, depuis deux ans, mais particulièrement depuis cette année (1829), est à la connaissance de la France et de toute l'Europe : le cabinet des Tuileries revient, par une pente rapide, mais à laquelle il oppose parfois une sensible résistance, aux erremens et à la direction de l'administration qu'il a remplacée. Il y revient, non parce qu'il est dans sa volonté d'y revenir, mais parce que, outre la puissance occulte de la congrégation qui étend partout ses ramifications funestes, il est dans un état dé lutte perpétuelle contre la pensée secrète du prince qui favorise cette puissance de toute la force de ses croyances religieuses et politiques, empreintes toutes deux du caractère superstitieux et fanatique, propre à chacune d'elles. C'est, et nous ne prétendons nullement attaquer par cette déclaration, toute consciencieuse, les sentimens personnels de Charles X, une circonstance vraiment heureuse pour la France, que ce prince n'ait été appelé à la gouverner qu'à la suite du règne de son frère

Louis XVIII, qui mérite si bien une place distinguée parmi les rois. Bienveillant de son naturel, Charles eût été, en 1815, inflexible par principe politique, intolérant par principe religieux, ou plutôt il fut devenu, par une faiblesse qui n'exclut pas l'opiniâtreté, tout ce que ses fougueux alentours eussent voulu faire de lui. Or, qui ne sait qu'à un très-petit nombre d'exceptions près, ces alentours ne se composent que de ce que l'émigration comptait dans ses rangs de plus absolu, de plus frénétique en opinions monarchiques, de plus hypocrite ou de plus persécuteur en opinions religieuses. Entre leurs mains Charles X eût été l'instrument docile de toutes les vengeances. Que l'on juge par ce qui se passe aujourd'hui, où les conseillers secrets de ce prince ont trouvé la Charte établie, les institutions fondées, les droits reconnus, les barrières posées, ce que ces hommes eussent osé à une époque où, de part et d'autre, l'excès des ressentimens, de l'audace et des résistances était égal: et afin que, sous ce nom de conseillers secrets, on ne donne pas à nos paroles un sens, une extension que nous ne voulons pas leur donner nous-mêmes, expliquons bien nettement, une fois pour toutes, que nous ne comprenons pas dans cette désignation cette foule de courtisans de toutes les classes, non moins connus par leur profonde ignorance que par leur méprisable asservissement à toutes les volontés du pouvoir et qui bourdonnent incessamment autour du trône ; non, ce n'est pas à de tels hommes que la France accorde l'honneur de sa haine; si elle en distingue quelques-uns, ce n'est que par l'excès de son mépris.

Les hommes dont nous entendons spécialement parler sont, en première ligne, dans l'ordre ecclésiastique : les cardinaux de Clermont-Tonnerre, de Latil, de Croy, de La Fare ; dans l'ordre civil : les Villèle, les Peyronnet, les Corbière, les Clermont-Tonnerre, les Bonald. Ces hommes sont les représentans de toutes les superstitions, de tous les préjugés, de tous les abus. Leurs complices, ceux qui sont placés dans les hiérarchies inférieures de l'église et de l'ordre civil, se signalent sans doute par les mêmes actes, professent les mêmes principes, défendent les mêmes doctrines ; mais comme on les retrouve partout, il est inutile et il serait trop long de les nommer; d'ailleurs ne tiennent-ils pas à honneur de se nommer eux-mêmes, persuadés qu'ils sont que la bienveillance royale qui les suit et les protège ne les abandonnera jamais. C'est ainsi que, lorsqu'à la suite de la proposition faite par le vénérable Labbey de Pompières de mettre en accusation les ministres déchus, M. de Montbel, maire de Toulouse eut pris hautement, dans la chambre des députés, la défense des hommes dont la France, par l'organe de ses représentans, venait de constater les actes odieux et de proclamer l'administration *déplorable*, Charles X, dans la première audience qu'il accorda à ce député, qui était venu prendre congé de lui, cédant en cela à son penchant et à sa conviction personnelle, bien plus qu'il n'agissait en monarque habile et en sage politique, loua solennellement le courage du député de Toulouse, le félicita d'avoir défendu les ministres accusés par la France, et déclara que l'opinion que ce député avait exprimée à la tribune était celle de tous les *honnêtes gens ;* s'embarrassant peu du rang qu'il assignait dans l'estime publique et dans la sienne propre, à la grande majorité de la chambre élective, qui venait de flétrir de son mépris ces mêmes ministres. Nous savons que, dans cette circonstance, Charles X se plut à saisir l'occasion de faire connaître ses sentimens pour l'administration qu'il avait, en quelque sorte, imposée à Louis XVIII mourant, et dans laquelle sa confiance était sans bornes ; mais, nous le répétons, après avoir maintenu pendant tant d'années cette administration perverse contre le vœu universel de la nation, était-il convenable, habile, digne du caractère du prince et de la majesté du trône, au moment où

le monarque avait cru devoir faire droit à ce vœu,
de protester, par des paroles qui devaient retentir
et qui n'ont en effet que trop retenti dans toute la
France, contre l'acte solennel par lequel il venait
de retirer sa confiance à ses anciens ministres, proclamant ainsi son opposition personnelle au sentiment national, et fesant connaître qu'il n'avait
cédé qu'à la contrainte? Certes, il était assez évident que les ministres actuels n'avaient pas été
consultés sur la réponse royale faite au maire de
Toulouse, laquelle ne trouva d'écho, le même jour,
que dans les salons de la Dauphine, où cette princesse fit entendre des paroles à peu près semblables, et qui, par leur identité avec celles du monarque, donnèrent à penser qu'elles n'étaient pas
l'effet du hasard, mais bien le résultat d'une combinaison dont le but évident était d'humilier la
France dans ses représentans! Cette combinaison
ne manqua point son effet, et si cet effet n'a pas
eu d'autres conséquences que d'altérer la confiance
des sujets dans la loyauté du souverain, il faut l'attribuer surtout au grand besoin de repos qu'éprou-
vent aujourd'hui les Français; mais ne craignons
pas de le redire parce que la cour des Tuileries
paraît avoir encore grand besoin de l'entendre :
Combien il serait imprudent à un pouvoir, trop
confiant dans ce besoin, d'abuser de la disposition

favorable des esprits, qui, on ne le sait que trop, est mobile de sa nature, sujette à de grands changemens, et pourrait, dans des conjonctures qui, nous l'espérons, ne se présenteront jamais, être soumise à des épreuves telles, qu'il serait également à craindre, pour le monarque et pour le pays, qu'elle ne pût y résister !

Toute la session de 1828-29 s'est passée sans résultats importans pour la France, et la vérité sévère nous en commande l'aveu : c'est à l'attitude non équivoque de Charles X, à l'expression de ses affections pour les hommes de la contre-révolution, à la confiance marquée dont il n'a pas laissé échapper une seule occasion de leur donner des preuves, à la tendre prédilection qu'il a constamment témoignée pour eux, toutes les fois qu'ils ont été attaqués dans les chambres ; à leur maintien dans toutes les fonctions publiques, auxquelles ils avaient été appelés par le ministère *déplorable*, et qu'ils ont dues à lui seul ; à l'alternative dans laquelle on savait qu'étaient placés les ministres, ou d'obtempérer à tout ce qui était exigé d'eux, ou de donner leurs démissions ; aux indiscrétions mêmes des hommes à qui était accordée une si haute et si scandaleuse protection : c'est à toutes ces causes générales, qui influaient si puissamment sur les esprits, et auxquelles il nous serait si facile

de joindre un grand nombre de faits particuliers,
résultant des promesses, des faveurs, de la corruption ou des menaces prodiguées par le pouvoir,
qu'il faut attribuer ces fréquentes défections dans
les votes de la chambre élective, et ces absences
sans motif apparent, qui ont transporté alternativement la majorité dans l'un et l'autre camp.
Ces considérations diverses, mais si puissantes, ont
donné lieu à des interprétations dont on cherchait souvent les motifs fort loin et dans des circonstances politiques qui presque toujours y étaient
fort étrangères, tandis qu'il eût été si facile de les
trouver dans les intrigues ministérielles et dans
cette triste histoire du cœur humain, qui ne manque
à l'expérience d'aucun de ceux qui veulent la consulter, mais qui, par malheur, est toujours perdue
pour la génération qui suit celle qui l'a reçue.

Le discours de la couronne à l'ouverture de la
session de 1828 (5 février) fit concevoir d'heureuses espérances, et cependant, en y portant quelque attention, il était aisé de reconnaître dans ce
discours où pas un mot n'était prononcé contre la
précédente administration ; où pas une assurance
n'était donnée relativement à la liberté de la presse
et à l'abolition de la censure ; où il n'était parlé ni
d'une loi départementale et communale, ni d'une
amélioration dans le système électoral et celui du

jury; ni du projet de la couronne de rentrer dans la Charte, par la suppression de la septennalité et celle du double vote ; ni de la résolution du pouvoir de n'appeler jamais aux fonctions administratives et judiciaires que des amis éprouvés des institutions nouvelles : il était, disons-nous, facile de reconnaître dans ce discours, bien plus par les réticences sur tout ce qui intéressait si éminemment la nation et l'adroit escamotage de toutes les questions vitales, que par ce qui s'y trouvait formellement exprimé, que la faction puissante qui continuait à dominer la conscience d'un roi faible, dont la secrète pensée était au fond d'accord avec les ennemis des libertés de la France, bien que ses intérêts comme roi ne fussent nullement identiques avec les leurs, avait imposé au prince un discours tout-à-fait insignifiant dans des circonstances où un grand poids pouvait être attaché à chacune de ses paroles, n'ayant pu mettre dans sa bouche celles qui expliquaient sa véritable pensée et qui eussent jeté l'indignation et l'effroi dans toute la France. Toutefois, dans l'intimité de Charles X, personne n'ignorait que les chefs de la faction théocratique et oligarchique dont il était entouré ne cessaient, en 1828, de lui tenir le même langage, de lui donner les mêmes conseils qu'ils avaient donnés, en 1789, à son bon et malheureux frère. Les mêmes causes devaient produire les mêmes résultats; aussi ceux qui, dès long-temps, avaient secrètement servi sous le gouvernement impérial les intérêts de la maison de Bourbon, reconnurent-ils aux symptômes de l'affreuse tempête qui s'annonçait, qu'il était temps de mettre un terme aux extravagantes illusions de quelques hommes qui se disaient royalistes exclusifs et de fermer l'abîme que leur zèle absurde tenait imprudemment ouvert sous les pas du monarque. Flatté lui-même dans toutes les chimères de son éducation et d'une jeunesse sans expérience, livrée aux plaisirs, Charles X poussait de toutes ses forces à sa propre ruine et n'aspirait qu'au moment de pouvoir réaliser, par une organisation complètement contre-révolutionnaire de l'état, le rêve de ses courtisans qui était aussi le sien. Les obstacles étaient grands ; il fallait du temps, de la persévérance et des efforts presque surnaturels pour les vaincre ; il fallait, surtout, marcher d'un commun accord avec les cours de Londres et de Vienne ; mais l'identité d'intérêts entre le Saint Siège et les chefs de l'oligarchie était trop grande et trop pressante, pour qu'on ne parvînt pas promptement à s'entendre. Dix-huit mois suffirent pour y parvenir, car il est bon de dire que la conspiration contre les libertés de la France commença presqu'à l'installation du ministère qui avait succédé à l'administration Villèle. Dès lors il y eut aveuglement à ne pas voir que tout tendait, si ce n'est à replacer à la tête des affaires les hommes qui venaient d'en être écartés, du moins à précipiter la France dans les chances d'une révolution nouvelle, en rétablissant au delà même de leur système et de leur influence. Néanmoins, fidèle aux traditions de sa famille, Charles X croyait dissimuler. Il pensait, et personne ne prenait soin de le désabuser, que la France avait une haute opinion de sa franchise et de sa constitutionnalité. Dans une audience particulière accordée il y a peu de temps à l'un des personnages les plus recommandables de cette époque, par ses vertus, ses talens, une grande bonne foi, la haute importance du poste temporaire qu'il occupe et son ancien et inaltérable dévouement au trône des Bourbons, mais que néanmoins nous nous faisons un devoir de ne pas nommer, car, grâce à l'instabilité des temps où nous vivons, le courage et la probité politiques ne sont pas sans dangers, Charles X entreprit de prouver à ce personnage, avec une vivacité et un abandon qui, s'ils annonçaient de la franchise dans le monarque, ne démontraient pas moins la profonde inexpérience de ce prince et l'immense distance où il est de son siècle, « que, non seulement il était constitutionnel, mais qu'il défiait que personne le fût plus que lui. Que, long-temps, il est vrai, il avait pensé que les formes du gouvernement représentatif n'allaient pas à la France, mais qu'il avait acquis, depuis, la certitude que ce gouvernement était maintenant le seul qui convînt aux nouveaux besoins, aux nouvelles idées de ce pays, et qu'il s'y était franchement résigné. » Et sur cela, Charles X entra dans des explications si étranges et si étendues, pour convaincre son interlocuteur, que celui-ci, qui avait apporté à cet entretien une assez grande défiance des sentimens constitutionnels du monarque, en sortit, plus persuadé que jamais, par tout ce qu'il venait d'entendre, « que le roi n'avait pas la plus légère teinture des formes et des conditions du gouvernement représentatif, et que tout ce qu'avait pu lui dire ce prince n'avait servi qu'à le confirmer dans l'idée qu'il n'y entendrait jamais rien. » Quoi que l'on puisse dire pour infirmer l'authenticité de cette anecdote, elle doit être regardée comme positive et comme devant contribuer puissamment à fixer l'opinion qu'on doit se former sur l'état actuel des affaires en France, le maintien de la Charte, et en général la stabilité et la franche exécution des institutions qui ont été données par la prévoyante sagesse de Louis XVIII.

Nous étions arrivés à ce point de l'article biographique du roi Charles X, à l'instant où nous apprenons la nouvelle de l'entier renouvellément de l'administration ; nouvelle surprenante sans doute, après toutes les affirmations contraires de la feuille ministérielle du soir, pour quiconque n'a pas une juste idée de la redoutable influence de l'étranger dans les conseils des Tuileries et de la puissance non moins effrayante de la congrégation, mais qui a dû nous paraître toute naturelle, d'après les documens certains qui sont journellement à notre disposition et qui émanent des sources les plus authentiques. Nous pouvons affirmer, sans céder à aucun esprit d'exagération, que jamais événement plus prévu par ceux qui suivent la marche des affaires n'a excité néanmoins en France une stupeur plus générale et plus de surprise à l'étranger. Et cependant nous serons peu embarrassés d'en expliquer les causes, qui remontent aux plus hautes combinaisons politiques dirigées contre ce pays et qu'il serait tout-à-fait absurde de n'imputer qu'au nom seul du prince Jules de Polignac, bien que tous les antécédens de ce nom soient, depuis cinquante ans, impopulaires en France et hostiles à ses libertés. Le choix de cette administration prise, tout entière, et avec une sorte de luxe contre-révolutionnaire, dans un parti qui s'est rendu odieux aux Français, est, on ne saurait en disconvenir, après les deux funestes épreuves qui en ont été faites sur la France en septembre 1815 et en décembre 1821, un fait d'une importance grave et qui, dans les circonstances si difficiles où se trouve ce pays, ne saurait être uniquement considéré comme l'exercice libre et constitutionnel de la prérogative royale, droit sacré sur lequel ne reposent pas moins les libertés publiques que la force et l'indépendance de la couronne, mais dont l'usage, sous toutes les formes de gouvernement et surtout sous le gouvernement représentatif, doit être modifié par la sagesse, l'intérêt bien entendu du pays et le sentiment national.

Ici, il faut l'avouer, ces principes, ces règles, et jusqu'aux plus simples convenances, tout a été méconnu et violé au même point, et il est resté avéré pour toute la France, qu'elle était sacrifiée tout à la fois à la politique anglaise et à la congrégation : à la politique anglaise, en ce que les intérêts de cette politique, dans la question de la guerre d'Orient, n'ont rien de commun avec ceux de la France, qui, en définitive, n'a point de possessions à préserver dans l'Inde, et qui, quelle que soit la puissance qui règne à Constantinople, est certaine de conserver avec elle la part de relations commerciales qu'il sera dans l'intérêt même de cette puissance de lui maintenir : à la congrégation, en ce qu'il n'est pas un membre de la nouvelle administration qui ne lui appartienne et n'en professe les doctrines.

Quelques personnes pensent (août 1829) que la durée de cette administration sera courte, parce que Charles X ne tardera pas à reconnaître combien le tableau qui lui a été fait de la France est infidèle et coupable. Nous ne partageons pas cette illusion, et peut-être pour en faire revenir ceux qui sont encore abusés par elle et persistent à ne voir dans la nomination du ministère de la contre-révolution qu'un évènement fortuit, nous suffira-t-il de dire que, dès long-temps, la promesse de ce grand changement avait été faite aux cardinaux et à un grand nombre d'archevêques et d'évêques français; que les fanatiques du catholicisme y comptaient à Rome, comme les fanatiques de l'absolutisme y comptaient à Paris; qu'il ne s'agissait plus que de savoir quand on aurait le courage d'agir et quel moment serait jugé opportun pour exécuter ce projet; qu'enfin le choix de M. de Polignac et celui de M. de Labourdonnaye appartiennent à la volonté expresse de Charles X, comme celui de M. de Bourmont appartient à celle du Dauphin qui, tout en protestant de son aveugle respect pour la prérogative royale et le choix du roi, qui avait nommé le duc de Bellune (maréchal Victor) ministre de la guerre, avait déclaré qu'il renoncerait à la présidence du conseil dans le cas où ce maré-

chal, avec lequel il avait eu des démêlés à l'époque
de la guerre d'Espagne, reprendrait le portefeuille
que son influence lui avait fait retirer en 1823. Le
passage des Balkans, les intérêts britanniques menacés par la renaissance de la marine française, et
pour lesquels il était temps enfin que le ministre de
ce département, l'honorable Hyde de Neuville, fût
remplacé par un homme à la dévotion du duc de
Wellington, devinrent, dans les premiers jours
d'août, le signal de ce bouleversement politique, et
il est maintenant connu que Charles X, en annonçant les progrès de l'armée russe à ses anciens ministres ne leur laissa d'autre alternative que de renoncer à la neutralité et d'adopter sans restriction
la politique anglo-autrichienne ou de lui remettre
à l'instant leurs portefeuilles. C'était chasser l'administration en masse, car pas un des ministres
n'était disposé à trahir les intérêts de la France en
asservissant sa politique à celle du duc de Wellington. Ainsi quoique la nomination du ministère Polignac soit un acte d'une telle démence, qu'il a déjà
valu à cette administration, frappée de mort à sa
naissance, le nom de *ministère du délire*, il n'en est
pas moins vrai que Charles X, dont le caractère est
également irrésolu avant la décision et opiniâtre
quand elle est prise, ne se fût jamais porté à une
extrémité semblable et dont les conséquences possi-

bles sont effrayantes pour le trône lui-même, s'il n'y eût été entraîné par une funeste combinaison d'intérêts extérieurs et intérieurs en conspiration ouverte et flagrante contre l'indépendance, l'honneur et les libertés de la France. Déjà, malgré le mystère profond dont on s'efforce de les couvrir, commencent à percer quelques parties du vaste plan des conspirateurs du dehors fortement unis avec ceux du dedans. Déjà l'on reconnaît, dans l'évènement du huit août, le détestable projet, formé par des traîtres qui ne sont ni nouveaux ni mal habiles à ce genre d'attentats, d'asservir en la déshonorant, la France au joug de l'étranger. Peu d'incertitude reste, en effet, sur ce point; ennemie naturelle des nations continentales, et ne trouvant, de l'aveu même de l'un de ses hommes d'état les plus illustres *, de sûreté pour elle que dans la mauvaise foi de ses relations diplomatiques, l'Angleterre l'est encore par le sentiment de haine à la liberté, dogme politique de son oligarchie, lequel trouve un puissant point d'appui dans la jalousie aveugle

---

* On sait que lord Chatham, père de M. Pitt, et M. Pitt lui-même, lorsqu'ils étaient pressés de questions sur le plus ou moins de loyauté de telle mesure adoptée par le gouvernement britannique, avaient coutume de répondre que « si l'Angleterre était fidèle à ses engage-» mens avec les états du continent, elle ne conserverait pas long-temps » la supériorité qu'elle avait acquise sur eux. »

et exclusive de son commerce, que toute prospérité étrangère importune et qui ne fonde sa richesse
et son crédit que sur la misère et les divisions du
continent. Aussi ne doute-t-on pas que ce ne soit
par ses ministres, à qui l'union et la paix de la
France portaient ombrage, qu'ait été conçu le plan
auquel paraît avoir été constamment affectionné le
duc de Wellington, de séparer Charles X de sa nation et de mettre le trône de ce prince sous la protection des baïonnettes autrichiennes et suisses,
tandis qu'une partie de l'armée française, transpor-
tée en orient par les escadres britanniques, aurait été
y combattre les Russes, ce qui, dans la pensée des
deux ministères conspirateurs, aurait eu le double
avantage de faire sortir les Français de la France,
et de livrer son territoire aux étrangers*. Par le maintien de sa neutralité armée, le cabinet des Tuileries pouvait devenir l'arbitre de l'Europe : par son
imprudente précipitation à embrasser contre la Russie les intérêts de l'Angleterre, Charles X n'est plus
que le satellite et l'instrument du cabinet de Londres; mais qu'importe aux quatre cardinaux, qu'importe à la congrégation et à quelques valets de
cour, qu'un grand peuple soit libre et que son roi

---

* Le rétablissement de la paix entre la Russie et la Porte a forcé
d'ajourner, mais non pas d'abandonner ce plan.

en soit aimé! dominer l'un et l'autre par la terreur et au besoin par la force de l'étranger, les
misérables n'ont pas d'autre ambition. Mais que
Charles X courbe volontairement, et presqu'avec reconnaissance, sa tête septuagénaire sous un joug
aussi avilissant, c'est ce qu'il est impossible de
s'expliquer autrement que par un affaiblissement
tel de la raison de ce prince, une telle ignorance
de l'opinion à peu près unanime de la France et
des dangers où le place cette opinion, qu'il n'en-
trevoit pas même l'effrayante conformité de sa destinée avec celle d'un roi d'Angleterre dont tous les
actes rappellent les siens. Ce fut seulement après
trois ans de règne que Jacques II, pour qui les
terribles leçons de l'expérience avaient été perdues,
fut chassé violemment, avec sa famille, du trône
ensanglanté des Stuarts où il ne remonta jamais.
Charles X, dont la famille et lui-même n'ont pas
reçu des leçons moins terribles ; qui, depuis, a vu
relever le trône des Bourbons pour le voir renverser encore, y est maintenant assis depuis cinq ans
et semble avoir complètement oublié les fautes qui
en précipitèrent Louis XVIII, fautes auxquelles il
eut tant de part, et dont le monarque défunt, qui
en appréciait les causes avec l'étonnante sagacité
qu'il portait dans tous ses jugemens, désigna tant de
fois avec amertume les auteurs dans sa propre mai-

son. Certes, Charles X ne conteste pas ces fautes;
mais qui l'aurait cru avant la nomination du ministère Polignac ? c'est à la sagesse , à la pré-
voyance de son illustre frère , à la connaissance approfondie qu'avait ce prince des vœux,
des besoins , des nouvelles idées et des nouvelles
mœurs de la France , à la Charte enfin, œuvre
de la pensée la plus éclairée et de l'abnégation
la plus noble , la plus philosophique et peut-être
la plus politique du pouvoir absolu , que , dans
sa conviction intime, Charles X , dont il est permis de croire que les méditations ne s'élèvent
pas aussi haut, attribue tous les maux des deux
restaurations ! Aujourd'hui commence pour la
France une ère nouvelle ; mais , sous quels auspices!
C'est le moment où s'allume autour d'elle un violent
incendie que l'on choisit pour menacer ses foyers
domestiques; et comme si assez de sang français
n'allait pas couler sur la terre étrangère pour soutenir les orgueilleuses prétentions des barbares et
rassurer le cabinet britannique qui se croit menacé
dans ses possessions de l'Inde , des ministres nés
français, mais non moins ennemis de la France que
le maréchal duc de Wellington lui-même * entraî-

* On peut consulter sur ce point le *Royal Calendar* (almanach
royal anglais). On s'y convaincra de ce que nous avons long-temps hé-

nent, par le seul fait de leur présence au pouvoir,
ce malheureux pays, naguère si tranquille et si
résigné, dans toutes les chances de la guerre civile que, dans notre sentiment personnel, nous regardons, il est vrai, comme préférable mille fois
au joug humiliant qui, après deux cent cinquante-
cinq ans, leur est imposé par le successeur de
Charles IX, mais dans lesquelles il est impossible,
toutefois, de voir autre chose que les dernières
ressources du désespoir.

Paris avait long-temps attendu de Charles X le
rétablissement de la garde nationale, institution si
éminemment patriotique et utile, frappée en masse
par le ministère *déplorable*, ou plutôt par le trium-
virat Villèle, Peyronnet et Corbière, qui, nous en
conviendrons, avait été traité un peu durement par
quelques-uns de ses bataillons. Ce corps, dont les
immenses services pouvaient bien, ce nous semble,
être mis en balance avec les vérités un peu hardies échappées de la bouche de plusieurs de ses
membres contre les ministres prévaricateurs que le
roi devait chasser peu de jours après, et dont la
chambre allait qualifier du nom de *déplorable* l'ad-

----

site à croire nous-mêmes, c'est que le nom du duc de Wellington,
porté sur la liste des pairs ducs, y est accompagné du titre de *maréchal de France*. Au reste, comment s'en étonner, quand le comte
de Bourmont est ministre de la guerre?

ministration de six années, fut offert en holocauste,
par Charles X, à ses ministres chéris. On réclama
vainement; les nouveaux ministres, déjà attaqués
de toutes parts, ne voulurent pas se montrer moins
royalistes que leurs devanciers, car il était convenu,
dans ce premier moment d'effervescence, que c'é-
tait se montrer *ennemi du trône* que de ne pas
croire la garde nationale aussi coupable que ceux
qui ne cherchaient qu'un prétexte pour amener sa
dissolution voulaient la représenter. C'est ainsi
que, par de vaines terreurs d'un côté et de timides
ménagemens de l'autre, la chambre de 1828 n'a
jamais obtenu que des demi-justices et des demi-
réparations. Les députés furent circonvenus; le
nom du roi fut mis en avant; on prétendit que ce
serait affliger son cœur et attenter à sa prérogative
que de réclamer contre la violence d'une mesure
prise par d'indignes ministres dans le seul intérêt
de leur vengeance personnelle. Il résulta enfin de
toutes ces considérations que le temps s'écoula;
que toutes les pétitions qui avaient pour but le
rétablissement de la garde nationale furent écar-
tées, et qu'une grande injustice, un révoltant
abus de pouvoir restèrent consommés. Rappe-
lons ici ce que peu de personnes savaient alors :
c'est que, du consentement des rois de France et
des Deux-Siciles, le projet de dissolution des gardes

nationales était arrêté entre les cabinets de Paris et
de Naples ; que les ministres de François Iᵉʳ avaient
déjà donné l'exemple, et que le cabinet Villèle
s'était engagé à le suivre. Le plan devait s'étendre
à toute la France, mais l'éclat que produisit le coup-
d'état frappé à Paris intimida les Tuileries. La conduite de Charles X, dans toute cette affaire, jeta
cette fois encore, un grand jour sur les sentimens
secrets du monarque, mais tout le monde voulait
la paix. L'absolutisme et la congrégation avaient re-
gardé comme un triomphe ce premier pas du despotisme : les ménagemens de la chambre furent
pour eux une nouvelle victoire, et l'indignation si-
lencieuse et résignée de Paris un encouragement
à tout oser. La France recueille aujourd'hui les résultats de tous les faux calculs qui furent faits alors.
Si la garde nationale eût existé, peut-être cette
France si noble et si humiliée n'aurait-elle pas aujourd'hui le ministère Polignac, Labourdonnaye
et Bourmont, car c'est surtout en fait de despotisme que les conséquences se pressent et s'enchaînent. Au reste, que peut-on trouver d'extraordinaire à ce qui se passe aujourd'hui ? Ne jouit-
on pas en France de l'effet des promesses de
Charles X ? Ne s'y repose-t-on pas dans l'avenir
que ce prince annonçait à ses affidés, pour l'époque
à laquelle il serait monté sur le trône ? Comme c'est,

après l'expérience faite pendant six années des actes
du ministère Villèle et du résultat de ces actes sur
le bien-être de l'opinion publique de la France,
que Charles X, abusant d'une prérogative qui n'a
été donnée au trône que dans l'intérêt du peuple,
a jugé à propos de former une administration que
les antécédens sanglans ou flétris de presque tous
les membres qui la composent, annoncent devoir
être beaucoup plus violente dans sa marche ad-
ministrative et plus anti-nationale dans sa politique extérieure, il est à présumer que, cette fois,
un parti est fortement pris de soutenir cette œuvre
de despotisme et de délire, et qu'à moins d'évènemens qui, toutefois, ne sont ni impossibles ni
même improbables, la France doit se résoudre
à voir peser long-temps sur elle la tyrannie, qui
sera sans doute sanglante au besoin *, d'un ministère dont supposer la création possible eût paru,
il n'y a que quelques mois encore, un signe certain d'aliénation mentale. Tels sont, et comment
ne pas le reconnaître, les actes avec lesquels Charles X, bien éclairé par l'expérience des faits, par
les journaux de toute la France, par l'opinion for-

---

* Le choix fait par M. de La Bourdonnaye de l'abominable Mangin
pour préfet de police ne laisse aucun doute à cet égard, sur les projets de ce ministre des catégories et du sacrilège, en qui l'insatiable
soif du sang s'irrite par la résistance....

tement exprimée de la nation , celle du petit nombre d'hommes de sens et d'honneur qui osent encore dire leur pensée à la cour , celle des feuilles britanniques elles-mêmes , enfin , de son libre choix et de sa pleine et royale volonté , s'avance vers le tribunal de ses contemporains et celui de la postérité , juge en dernier ressort des peuples et des rois.

L'esprit de parti, qui, toujours passionné dans ses jugemens, voit dans Charles X un prince ignorant, opiniâtre, fanatique, dissimulé, appartenant à un autre siècle , livré à l'influence de Rome, qui gouverne sa conscience par quatre cardinaux ambitieux , et conseillé par quelques méprisables chefs de la faction absolutiste , forts contre trente millions d'hommes de la complicité d'une cour stupide et de l'appui de quelques milliers d'obscurs satellites , l'esprit de parti compare ce prince à Charles IX , dont il est le successeur nominal. Certes, les fâcheuses comparaisons ne manqueraient pas dans cette malheureuse série des Charles , mais ici l'esprit de parti exagère. En jugeant Charles X par la mobilité de son gouvernement, celle de ses discours et surtout par le choix des ministres *selon son cœur* * qu'il s'est donnés le 8 août 1829, choix qui ,

* Expression de *la Quotidienne.*

nous regrettons de le dire et ne pouvons néanmoins le taire, constitue le monarque français dans
un état que le respect des convenances ne nous
permet pas de désigner par son vrai nom, c'est
avec un autre Charles, antérieur à lui de plusieurs
siècles et sous le règne duquel la France perdit
contre l'Angleterre une autre bataille de Waterloo * que la comparaison serait plus exacte.

Cet article, commencé à l'époque où une grande
réparation venait d'être accordée par Charles X au
peuple français, pour le long outrage du ministère
Villèle, finit à celle où commence pour lui un outrage nouveau, plus flétrissant, plus odieux mille
fois, plus insupportable encore que le premier, en
ce qu'étant le résultat d'un calcul, long-temps et
profondément médité, il vient, après deux épreuves,
qui, toutes deux, ont été également funestes à la
France, et n'a pas pour excuse l'ignorance du sentiment national. Quelle sera l'expiation de ce dernier outrage fait à un grand peuple et quand vien-
dra-t-elle ? Dans l'intérêt de la France et du
monarque, nous tremblons de le prévoir !.... Les
Bourbons seraient-ils donc les seuls, en Europe,
qui eussent oublié les premiers jours de mars 1815
et cette séance royale, où, à l'aspect des dangers

---

* La bataille d'Azincourt (1415).

qui menaçaient leur trône , ils étaient si prodigues de protestations de respect pour les droits du peuple et de sermens de maintenir ces droits?

LOUIS-ANTOINE,

DUC D'ANGOULÊME , DAUPHIN DE FRANCE , FILS DE CHARLES X.

Les nations qui souffrent, comme les individus malades, aiment à se flatter. Il est pénible, mais vrai de dire que c'est à cette disposition des esprits chez les Français et à l'espoir d'un meilleur avenir, qu'il faut attribuer l'espèce d'engouement qu'ils ont éprouvé, pendant quelque temps, pour ce prince. Rien ne l'a justifié depuis. On sait seulement en France, que c'est à M. le dauphin que l'on doit la présence de M. de Bourmont au ministère du 8 août 1829. (Voyez Charles X.) Nous ne lui connaissions jusqu'ici qu'un titre à la reconnaissance et à l'affection des Français, c'était le traité d'Andujar, que, tout généralissime qu'il était , que tout héritier présomptif du trône qu'il est, il n'a su ni faire exécuter, ni défendre contre la déloyauté barbare du ministère déplorable. Il y avait au moins dans ce décret une intention généreuse ; nous ne voyons pas à quelle intention du même genre il serait possible d'attribuer la nomination du transfuge de Waterloo.

MINISTÈRE.

Président du conseil et ministre des affaires étrangères, le prince DE POLIGNAC.

Garde-des-sceaux, ministre de la justice, M. COURVOISIER.

Ministre des finances, le comte CHABROL DE CROUZOL.

Ministre de la guerre, le comte DE BOURMONT.

Ministre de l'intérieur, le baron DE MONTBEL.

Ministre des affaires ecclésiastiques, l'évêque D'HERMOPOLIS.

Ministre de l'instruction publique, M. GUERNON DE RANVILLE.

AMBASSADEURS,

MINISTRES ET CHARGÉS D'AFFAIRES

DE FRANCE

PRÈS LES DIFFÉRENTES COURS DE L'EUROPE.

ANGLETERRE. Le duc DE LAVAL-MONTMORENCY, ambassadeur.
AUTRICHE. Le comte DE RAYNEVAL, ambassadeur.

BADE.	Le comte DE MONTLEZUN, envoyé extraordinaire.
BAVIÈRE.	Le comte DE RUMIGNI, env. extr. et min. plén.
DANEMARCK.	Le marquis DE SAINT-SIMON, env. extr. et min. pl.
ESPAGNE.	Le vicomte DE SAINT-PRIEST, env. ext. et min. pl.
ÉTATS ROMAINS.	Le comte DE LA FERRONNAYS, ambassadeur.
NAPLES.	Le duc DE BLACAS, ambassadeur.
PARME.	Le baron DE VITROLLES, envoyé extraordinaire.
PAYS-BAS.	Le marquis DE LA MOUSSAYE, env. ext. et min. pl.
PORTUGAL.	. . . .
PRUSSE.	Le comte DAGOULT, env. extr. et min. plénip.
RUSSIE.	Le duc DE MORTEMART, ambassadeur.
SARDAIGNE.	Le marquis DE LA TOUR DU PIN, ambassadeur.
SAXE.	Le comte DE CARAMAN, env. extr. et min. plén.
SUÈDE.	Le comte DE MONTALEMBERT, env. extr. et min. pl.
TOSCANE.	Le baron DE VITROLLES. (Voyez Parme.)
TURQUIE.	Le comte GUILLEMINOT, ambassadeur.
WURTEMBERG.	M. DE FONTENAY, env. extr. et min. plénip.

ÉTATS-ROMAINS.

9

ÉTATS-ROMAINS.

PIE VIII, PAPE.

Il est superflu de dire que le système politique
de la cour de Rome n'a éprouvé, par la mort de
Léon XII, aucune altération de quelqu'importance,
et de nature à influer d'une manière active sur les
affaires de l'Europe; le système de Rome, fondé
sur le maintien d'une suprématie spirituelle et temporelle sur les rois, ne change jamais. Toutefois,
il est à remarquer que cette cour, ennemie naturelle du culte grec, qu'elle considère comme schis-
matique, n'a vu qu'avec beaucoup de défiance et
de peine le succès des armes russes en Orient. Elle
est, sous ce rapport, en parfaite identité de principes et d'intérêts avec l'Angleterre *protestante.*
Par une conséquence des prétentions que, depuis
la juste expulsion des Stuarts du trône d'Angleterre,
cette puissance a constamment refusé de reconnaître, la cour de Rome a favorisé de ses vœux,
n'ayant pu l'appuyer de ses armes, le descendant
de Mahomet et le plus implacable ennemi du nom
chrétien. Elle a même agi dans ce sens, en France,

autant qu'il a été en son pouvoir, et partout l'as-
cendant des quatre cardinaux dont elle dispose et
qui gouvernent la conscience de Charles X * s'est
prononcé contre la cause sacrée des Grecs. Ces faits
qui se rapportent particulièrement au dernier pontife romain sous le règne duquel ils se sont passés,
ont jeté un grand jour sur la lettre adressée à
Léon XII par l'empereur Nicolas, au moment où
ce prince, montant sur le trône, avait un si grand
intérêt , non pas à s'assurer le concours de la cour
de Rome dans les projets importans qu'il était sur
le point de mettre à exécution dans l'Orient, ce
qui eût été impossible, mais à se mettre, avec cette
cour, dans des termes de bienveillance réciproque
tels , qu'elle fût au moins contrainte de rester
immobile et muette , en voyant se développer,
à l'égard de la Grèce, et contre la puissance ottomane, une partie du vaste plan que Rome n'a
cessé de redouter depuis Catherine, et dans lequel elle voit, avec raison, un si grand coup porté
à son influence temporelle. Il ne s'agissait donc ,
pour la Russie, que de s'assurer, de la part de cette
cour, d'une sorte de neutralité morale qui devait, jusqu'à un certain point, lui être garante de

* De Latil, archevêque de Rheims; Clermont-Tonnerre, archevêque de Toulouse; de La Fare, archevêque de Sens; de Croy, grand
aumônier.

celle de quelques autres puissances, et ce but était complètement rempli, au moment où les rênes du gouvernement pontifical sont tombées des mains de Léon XII. Quoi qu'il en soit, nous pouvons, sans craindre de nous tromper, et guidés par le seul flambeau de l'expérience, affirmer et prédire qu'il ne se formera pas, dans les cabinets de l'Europe spécialement connus par une haine plus invétérée et plus stupide pour les idées constitutionnelles, de conspiration contre ces idées, que la cour de Rome et son gouvernement n'en soient les provocateurs ou tout au moins les complices.

François-Xavier Castiglioni, né à Cingoli, le 20 novembre 1761, et créé cardinal le 8 mars 1816, a été élu pape à Rome, le 31 mars 1829, et a pris le nom de Pie VIII. Le premier choix fait par lui pour secrétaire d'état a été celui du prince Albani, créé cardinal le 23 février 1801, dont le frère Charles-François, conseiller intime au service d'Autriche, est mort en 1811 maître de l'archiduc François, et dont le neveu, marquis de Paulucci, est aujourd'hui chambellan de l'empereur François II. Cette marque de confiance intime, accordée par le pontife romain à un homme dont toute la famille doit son élévation à la maison d'Autriche, et qui, lui-même, n'a obtenu le chapeau que par l'influence de cette maison, a donné une juste idée des principes d'après lesquels le nouveau pape allait gouverner, et jusqu'ici tout justifie ce présage. La crainte des lumières et la haine de la philosophie, la protection presque ouvertement accordée aux jésuites, la confiance sans réserve témoignée aux cardinaux français connus par l'excès de leur fanatisme et de leur intolérance, sont jusqu'ici les traits principaux auxquels on a pu reconnaître les principes qui allaient diriger le cabinet pontifical. La présence du vicomte de Châteaubriand, ambassadeur de France à Rome, au moment où le cardinal Castiglioni a été élu pape; la haute raison, la sagesse, la dignité, le respect de tous les genres de convenances si remarquables dans le discours par lequel il a félicité le pontife sur son élévation, le langage d'une philosophie généreuse, tolérante et en si parfaite harmonie avec les vrais principes de la religion chrétienne, imposèrent sans doute au cabinet de Pie VIII l'obligation de mesurer ses paroles sur celles de l'ambassadeur français; mais à peine celui-ci eut-il quitté Rome à la nouvelle de la nomination du ministère dont le chef, notoirement connu comme l'instrument de la politique britannique, est l'humiliation et l'effroi de la France, que, fiers d'une victoire remportée sans combats, les trois cardinaux, secondés de leur collègue le grand aumônier, archevêques de Rheims, de Toulouse, et de

Sens, agissant sous l'inspiration et d'après les ordres des Polignac, des Labourdonnaye et des Bourmont, reprirent hautement l'influence qu'ils n'avaient cessé de conserver en secret, et renouèrent les trames dont les fils n'avaient été coupés un moment que par la noble énergie de l'ambassadeur. C'est à ce point qu'en sont les choses, et ce n'est pas au moment où, malgré les dénégations embarrassées et sophistiques d'un journal ministériel accoutumé à toutes les palinodies *, la cour de Rome s'apprête à reconnaître pour monarque légitime le monstre qui, sous le nom de roi, couvre le Portugal d'échafauds et de ruines ; au moment où, malgré ses longues tergiversations, le cabinet de *l'hérétique* Angleterre, fidèle allié du Vatican, se dispose à suivre ou à donner un semblable exemple ; au moment où la France, opprimée et avilie par la conspiration ministérielle qui l'enchaîne de plus en plus au joug de l'étranger, se traîne à la remorque du duc de Wellington ; ce n'est pas, répétons-le, dans de semblables circonstances où, confondant, dans leur haine aveugle, la liberté constitutionnelle et légale avec la licence, un si grand nombre d'hommes d'état européens semblent avoir résolu de renverser toutes les idées justes, positives et vraiment con-

* Gazette de France.

servatrices des trônes, qu'il faut s'attendre à voir
la cour de Rome , qui , à de très-rares exceptions
près, uniquement dues au génie personnel de quelques uns de ses pontifes , a constamment donné à
l'Europe le signal des persécutions religieuses et
des usurpations politiques , adopter de nouvelles
doctrines et entrer dans les voies des lumières et
de la tolérance universelle. Il n'est donné ni à notre
génération , ni à celles qui la suivront, de voir s'o-
pérer un prodige semblable.

MINISTÈRE.

Secrétaire d'état, Monsignor le card. ALBANI.

Secrétaire des brefs , Le même.

Secrétaire des pétitions, Monsig. le card. PEDICINI.

Camerlingue (ministre de l'intérieur) Monsig. le
cardinal GALEFFI.

Uditor santissimo (ministre de la justice) , Mons.
BONTADOSSI.

Governatore (ministre de la police), Monsignor
CAPPELLETTI.

Tesoriere (minist. des finances), Monsig. MATTEI.

Assessore degli armi (ministre de la guerre) ,
Monsignor UGOLINI.

AMBASSADEURS,

MINISTRES ET CHARGÉS D'AFFAIRES

DU PAPE

PRÈS LES DIFFÉRENTES COURS DE L'EUROPE.

———————

ANGLETERRE.	. . . .
AUTRICHE.	Monsignor Ugo Pietro, marquis de Spinola, archevêque de Thèbes, nonce.
BADE.	. . . .
BAVIÈRE.	Monsignor Charles des comtes d'Argenteau, archevêque de Tyr, nonce.
DANEMARCK.	. . . .
ESPAGNE.	Monsignor Francesco Tiberi, archev. d'Athènes, nonce apostolique.
FRANCE.	Monsignor Lambruschini, arc. de Gênes, nonce.
NAPLES.	Monsignor Justiniani, arch. de Petra, nonce.
PAYS-BAS.	Le marquis Cappacini, internonce.
PORTUGAL.	. . . .
PRUSSE.	. . . .
RUSSIE.	. . . .
SARDAIGNE.	Don Pasquale Gizzi, internonce.
SAXE.	. . . .
SUÈDE.	. . . .
TOSCANE.	M. Patrici, nonce.
TURQUIE.	. . . .
WURTEMBERG.	. . . .

———————

PAYS-BAS.

PAYS-BAS.

GUILLAUME-FRÉDÉRIC, ROI.

De graves questions ont été soulevées depuis
deux ans dans cet état. D'une discussion calme,
la seule qui convienne dans de semblables matières, on est passé à de vives personnalités ; et
comme il arrive toujours lorsque les intérêts sont
mis en mouvement et que les amours - propres
sont froissés, les passions, en intervenant dans la
querelle, ont exaspéré les esprits au point de ne
plus s'entendre et de s'accuser réciproquement.
C'est un grand malheur qu'en affaires semblables,
bien que, souvent convaincu qu'il s'est quelquefois trop avancé, chacun tienne à déshonneur de
faire le premier pas rétrograde. Ce funeste préjugé
de moins, combien d'hommes honorables et chers
au pays se rendraient mutuellement justice, et,
se replaçant sur le terrain d'une sage discussion,
éclaireraient à la fois eux-mêmes et leur gouvernement, et ramèneraient dans leur patrie la confiance
et l'union, toujours si nécessaires entre le prince
et les peuples, mais qui, dans les temps d'orage

où nous vivons, sont le premier besoin et le plus puissant lien des sociétés.

Ces réflexions, nous le savons d'avance, et d'avance aussi nous sommes résignés à en accepter la responsabilité, ne satisferont pas tout le monde, car elles choquent trop de passions et d'intérêts ; toutefois nous le déclarons franchement : comme nous ne nous adressons ni aux intérêts, ni aux passions, que c'est avec une égale bonne foi que nous cherchons à convaincre ou à être convaincus, ce sera dans le dessein d'être utiles et non dans celui de plaire, que nous traiterons en passant les questions qui se rattachent au gouvernement du Souverain des Pays-Bas. Nulle considération, pas même la crainte de paraître céder à l'influence du pouvoir ou de rechercher la faveur populaire, ne nous détournera de ce que nous regardons comme le premier devoir de l'historien : dire la vérité. Cette profession de foi faite, rien ne nous empêche plus d'entrer en matière..

Un grand nombre de pétitions ont été, dans le courant des années 1828 et 1829, présentées aux États-Généraux, pour en obtenir, premièrement : la liberté de l'enseignement ; secondement, l'établissement du jury ; troisièmement, une législation complète et définitive de la presse libre ; quatrièmement, la responsabilité ministérielle ; cin-

quièmement, l'indépendance de l'ordre judiciaire ;
sixièmement, le libre usage de la langue française
dans les transactions sociales. Certes, il n'y avait
rien que de très-légitime , que de très-raison-
nable dans toutes ces réclamations; mais, il faut
l'avouer, si, comme nous le pensons, on peut justement reprocher au pouvoir de ne pas avoir accueilli quelques-unes d'entr'elles avec la bienveillance qui leur était due , qui oserait contester que
l'aigreur et la violence avec lesquelles elles ont été
souvent présentées , les attaques dont elles ont été
la cause ou le prétexte, et qui s'adressaient à ce
qu'il y a de plus respectable et quelquefois de plus
auguste ; enfin, les moyens employés pour assurer
leur succès, ne fussent guère propres à leur rendre le
pouvoir favorable et à écarter de lui les défiances
que des circonstances de divers genres et, par-dessus
tout, l'alliance intime qui s'était formée tout récemment entre ceux des amis de la liberté qui
s'étaient fait remarquer par des opinions politiques plus exaltées et plus tranchantes, et ceux qui,
dans d'autres temps, s'en étaient montrés les ennemis, avaient nécessairement dû lui inspirer. Ces
défiances étaient si naturelles, elles étaient la conséquence si simple du nouvel état de choses qui
s'établissait, et que, dans son principe, les hommes
les plus raisonnables du pays ne pouvaient s'expli-

quer à eux-mêmes, qu'il faudrait s'étonner qu'elles n'eussent pas été partagées par un pouvoir que l'on semblait s'étudier à rendre ombrageux. Que, dès le commencement de ces fâcheux débats, il y ait eu, de la part des amis d'une liberté illimitée, plus d'imprudence et d'imprévoyance que de desseins hostiles, c'est ce dont il nous semble qu'il est tout-à-fait impossible de douter; mais il ne nous paraît guère moins évident, que l'effet naturel qu'ont dû produire sur l'autorité ces premières démarches du parti qui voyait ses espérances déçues, jointes aux mouvemens et aux résistances qui commençaient à se manifester dans quelques provinces, a été de lui persuader qu'elle était sérieusement menacée; et si, depuis, cette même autorité a saisi ou cru saisir la preuve de quelques intelligences politiques entre l'étranger et quelques uns de ceux qu'elle regarde comme les promoteurs des troubles intérieurs, on aura la clef des violentes récriminations qu'élèvent, de part et d'autre, des hommes dont les talens et les services pourraient être également utiles à leur pays, et dont les divisions lui prépareraient de grands malheurs si les plus éclairés d'entr'eux tardaient, quelque temps encore, à reconnaître qu'en cherchant des alliés sincères là où ils ne sont pas et où ils ne sauraient être, ils marchent ensemble vers l'abîme où ils périraient tous. Nous le répétons encore, nous ne voulons voir ici que les faits et nullement les personnes. A Dieu ne plaise que nous attaquions des sentimens et des intentions que nous n'avons jamais cessé de regarder comme honorables; mais enfin, tout en avouant que sous beaucoup de rapports la situation du royaume des Pays-Bas diffère de celle de la France, il est difficile de contester que sous celui de l'intolérance et de l'ambition il n'y ait de grands points de ressemblance entre les clergés des deux pays, et que, de cette communauté d'intérêts et de vues, ne doive résulter pour eux une communauté de dangers.

Que toutes ces considérations réunies, que leurs conséquences à peu près inévitables aient vivement frappé la pensée du Monarque, premier gardien de l'indépendance nationale et des libertés publiques, rien ne nous semble moins étonnant; qu'une ardente imagination, une impopularité dès long-temps acquise par des discours et des actes connus de tout le pays, que des intérêts individuels aient porté tel homme d'état appelé aux conseils du prince, à exagérer à ses yeux les dangers réels dont on devait peut-être imputer une partie à la direction politique adoptée par cet homme d'état même, cela ne nous paraît guère moins incontestable. Ces faits posés, examinons maintenant, l'un après l'autre, sans passion, et comme les jugera un jour l'impartiale histoire, les griefs qui ont donné lieu aux réclamations, tantôt fondées, tantôt irréfléchies, portées, pendant plusieurs mois, à la seconde chambre, et dont, il faut le dire, quelques unes étaient beaucoup moins l'expression de l'opinion publique que celle des opinions et des craintes particulières de quelques hommes.

Dans l'ordre de ces griefs paraissait en première ligne (car les concessions faites par le Monarque, dans son arrêté du 2 octobre 1829, ne permettent pas de croire que ce grief puisse être reproduit) le monopole de l'enseignement. On y soutenait avec juste raison, que la liberté d'enseigner était le principe fondamental de tout gouvernement dont la reconnaissance des droits communs est la première base, et où, par suite de la reconnaissance de ces droits, la concurrence ne peut être ni interdite ni restreinte. Toutefois, comme la première condition de tout gouvernement est l'existence, et que le gouvernement des Pays-Bas, formé de deux nations divergentes de mœurs, de lois, de religion, de langage, commence la sienne comme monarchie, on avouera, si l'on veut être de bonne foi, qu'un semblable état de choses exigeait dans son principe, sauf à la modifier plus tard, une organisation appropriée à des circonstances toutes

nouvelles, et sur lesquelles il n'appartenait qu'à
l'expérience de prononcer. Que l'on ne soit point
arrivé à ce résultat en quelques années, il n'y a
rien là qui doive surprendre ; la France organise et
désorganise depuis quarante ans l'instruction publique, et, certes, nous ne pensons pas que les
peuples des Pays-Bas aient rien à lui envier à cet
égard.

Quoi qu'il en soit, par son arrêté du 2 octobre 1829,
qui rapporte celui du 14 août 1825 par lequel il
était défendu aux sujets Belges de faire leurs études
préliminaires hors du royaume, Guillaume Ier vient
de donner une preuve non équivoque de son vif
désir de mettre un terme aux réclamations qui s'é-
levaient sur plusieurs points du royaume, relativement à la liberté de l'enseignement. Nous désirons
vivement que cette concession du trône faite san
avoir été communiquée au conseil et d'après le
sentiment personnel du Monarque, obtienne les
favorables résultats qu'il s'en promet, et réponde
aux intentions bienfaisantes qui l'ont dictée ; mais
quels que soient ces résultats, qu'il n'est pas en
notre pouvoir de considérer sans une crainte secrète, une profonde ingratitude pourrait seule
méconnaître le but d'une concession de cette importance, et qui résout, d'un acte de la volonté du
prince, une question vitale pour le pays, et sur

laquelle les esprits les plus éclairés sont encore loin de s'entendre.

L'établissement du jury n'est une institution ni moins grave, ni moins essentiellement liée au maintien des libertés publiques que l'indépendance de l'enseignement ; et si c'est, pour l'historien, un devoir de reconnaître que le prince et son gouvernement n'ont témoigné par aucune parole, par aucun acte, qu'ils fussent portés à repousser cette institution de la législation du pays, il n'en est que plus pénible pour lui de reporter sur la représentation nationale, ou du moins sur une partie de cette représentation, le juste blâme du rejet de l'une des plus nobles conquêtes faites par la révolution française, éclairée par l'exemple de la Grande-Bretagne, sur la jurisprudence barbare des siècles du moyen âge. Qui croirait, en effet, qu'en 1829 et dans une assemblée qui compte dans son sein tant de talens distingués et de nobles caractères, une majorité de 66 membres contre 31 ait pu s'opposer à l'admission du jury dans les procès criminels instruits devant les cours prévôtales et les autres tribunaux criminels, et qu'une majorité de 57 voix sur 40, l'ait repoussée dans les procès pour délits de la presse ? Nous avons lu, sur ces grandes questions, les débats de la seconde chambre ; nous avons fait une sérieuse étude des

discours des adversaires du jury, et nous en sommes
encore à comprendre les motifs, tous d'intérêt lo-
cal, disaient-ils, par lesquels ils prétendaient justifier leurs doctrines. Seuls, ils ont consenti à se
charger, devant la génération présente et les générations à venir, de la plus accablante des responsa-
bilités : celle d'avoir fait reculer de plusieurs
siècles, dans leur pays, la civilisation que léur
mission était d'y étendre et d'y perfectionner !
Félicitons le sage monarque qui n'est intervenu directement ni indirectement dans un résultat aussi
funeste; les contemporains et l'histoire lui tien-
dront un grand compte de son silence, dans une
question d'un intérêt tout national, et qui, par sa
nature, devait être livrée à des débats indépendans
de toute influence de la part du pouvoir.

La liberté de la presse, consacrée par la Loi
fondamentale et réglée par des lois organiques,
existe bien positivement dans les Pays-Bas : mais
ces lois offrent-elles au pouvoir des garanties suffisantes contre les attaques inconsidérées, inconve-
nantes et souvent hors de toute mesure de quelques
écrivains? Offrent-elles aux écrivains eux-mêmes
des garanties suffisantes contre les prétentions et
les susceptibilités ombrageuses du pouvoir? C'est
une double question qu'il faudrait discuter de sang-
froid, sans esprit de parti, et comme toute ques-

tion touchant aux premiers intérêts d'une nation devrait être discutée, c'est-à-dire, d'une manière générale, absolue et sans en faire d'application aux personnes et aux époques. D'accord sur le fond, il nous semble qu'on ne pourrait manquer de l'être bientôt sur la forme, surtout quand on a vu le prince aller de lui-même au-devant du vœu national dans l'importante question de l'instruction publique, et créer, par un arrêté du 19 février 1829, une commission chargée de rédiger un projet de loi relatif à cet objet, et la composer de citoyens pris dans toutes les classes et dans toutes les opinions. Pourquoi, dans un projet relatif à la presse, le gouvernement ne procéderait-il pas par les mêmes moyens, et ne s'environnerait-il pas des mêmes lumières? La conduite si franche et si loyale déjà adoptée par le monarque dans la question si grave de l'enseignement public, les nouvelles concessions qu'il vient de faire sur ce point et qui annoncent de sa part la volonté constante mais éclairée de satisfaire au vœu que lui exprime une classe nombreuse de ses sujets, ne permettent-elles donc pas de l'espérer? et si quelques conseillers imprudens ou mal habiles n'ont su rédiger jusqu'ici que la triste loi qui n'a pas même été jugée digne par la seconde chambre d'être soumise à sa discussion, faut-il donc, en tirer des conclusions injustes

ou malveillantes contre les intentions personnelles
du prince , dont nous venons de rapporter les
nobles antécédens? Certes, nous commes loin de
le penser, et, sur ce point, il nous suffira de rappeler, les journaux des Pays-Bas à la main, qu'au
moment où nous écrivons il n'est aucun pays, en
Europe, où la presse jouisse de plus de liberté que
dans ce royaume. Comme ceci est un fait matériel
dont chacun peut se convaincre par la simple lecture des feuilles publiques, nous nous dispense-
rons d'en apporter d'autre preuve que son incontestable notoriété.

Peut-être ne sera-t-il pas aussi facile de s'entendre sur la question de la responsabilité ministérielle,
et néanmoins nous ne pensons pas qu'il y en ait
de plus évidente et de plus simple, car, toute la
question de l'inviolabilité royale, que tous les esprits éclairés environnent de leurs respects, repose
sur cette responsabilité sans laquelle il ne saurait
exister de gouvernement représentatif. Toutefois,
après avoir fait sur ce point notre profession de
foi politique, nous avouerons franchement que si
nous ne pouvons approuver les doctrines de celui
d'entre les ministres des Pays-Bas qui décline la
responsabilité envers le pays, parce que nous pensons que cette responsabilité est de droit, et qu'elle
est, comme la presse, dans la nature même du

gouvernement représentatif, nous devrons reconnaître avec la même sincérité que ce tort est surtout celui de la Loi fondamentale qui n'a parlé nulle part de la responsabilité ministérielle. Ce silence, qui est peut-être le plus grand vice de la loi, a besoin d'une explication et nous allons la donner.

Dans la séance où le projet de constitution fut, il y a quinze ans, soumis à la discution libre d'une commission présidée par M. de Hogendorp, un membre (feu M. de Coninck, qui a été depuis ministre de l'intérieur et des affaires étrangères), proposa de faire, de la responsabilité ministérielle, une des dispositions expresses de l'acte constitutionnel. La proposition fut discutée avec une entière liberté, mise aux voix, et repoussée à la presqu'unanimité. C'est un fait positif, évident, un antécédent fâcheux dont on ne peut sans doute que s'affliger, et sur lequel se reporteront nécessairement tôt ou tard les réflexions du sage monarque et des États-Généraux ; quant au moment présent, ce qui a été dit devant les chambres contre le principe de la responsabilité nous semble incontestablement digne d'une censure sévère, mais ne saurait en aucune manière donner lieu à une attaque légale contre ceux qui ont méconnu un principe qui, en effet, n'existe pas dans la législation. Toutefois, l'absence de ce principe laisserait un trop grand vide dans l'organisation constitutionnelle, pour qu'il ne doive pas être rigoureusement sous-entendu, là où il n'est pas encore formellement exprimé.

L'indépendance de l'ordre judiciaire n'a pas été mieux stipulée par les rédacteurs de la Loi fondamentale, que ne l'a été la responsabilité ministérielle ; et il est remarquable que, même dans ces derniers temps où de nombreuses pétitions ont été présentées à la seconde chambre, il ait été à peine question de cette indépendance, l'une des plus sûres garanties des libertés publiques. Au reste, cette question est étroitement liée dans l'ordre social à celle de l'établissement du jury, et nous avons prouvé plus haut, par des chiffres, que cette dernière question ayant été résolue négativement par les chambres, ce n'était ni le Roi ni son gouvernement qu'il fallait rendre responsables de la décision législative qui a surpris et affligé tout ce que l'Europe renferme d'esprits éclairés et qui eût été plus convenablement placée au douzième siècle et dans quelque peuplade barbare de l'Afrique, qu'au dix-neuvième siècle et chez l'un des peuples les plus civilisés de l'Europe.

En dernier résultat, il convient de reconnaître que c'est seulement après un silence de quinze années, qu'une partie de la population Belge, restée muette sur le sort des libertés dont elle ne paraissait pas avoir senti jusque-là l'absence, et auxquelles elle juge aujourd'hui que sont attachés son bonheur et sa gloire, réclame la jouissance de ces libertés. Pourquoi donc ne pas avoir fait entendre plus tôt ce vœu si légal? n'avait-on pas assez de garanties de l'amour du roi pour son peuple ; de son empressement à défendre son indépendance et sa dignité au dehors ; de son désir de consolider ses institutions au dedans; de son noble zèle à maintenir ses droits? Pouvait-on douter qu'il ne se tînt heureux de satisfaire tous les vœux légitimes, sans manquer toutefois à des sermens dout il ne saurait être relevé que de l'aveu de la nation devant laquelle il les a prêtés? Demander tout à coup l'exécution immédiate de dispositions qui n'existaient pas dans la constitution de l'état, bien que leur place y fût marquée par le plus simple bon sens, n'était-il pas au moins un acte irréfléchi, insolite, illégal? Aujourd'hui que tant de voix se sont élevées en faveur du redressement des griefs, sera-t-il fait droit à toutes les demandes qui seront reconnues justes et présentées avec les égards et le sentiment des convenances, dont rien ne peut dispenser les citoyens dans leurs rapports avec le chef suprême de l'état? Il nous semble que l'accueil fait, il y a quelques mois, par le Monarque,

à la pétition des habitans de la ville de Soignies ;
la sanction donnée par lui au principe de la responsabilité, consigné dans le rapport qui lui a été
présenté vers la même époque par son ministre de
l'intérieur; ses dernières concessions relativement
à l'enseignement, et la liberté de faire usage de la
langue française dans certaines transactions sociales,
concurremment avec la langue hollandaise ; l'autorisation qu'il a accordé depuis à plusieurs membres du barreau de faire exclusivement usage de la
même langue dans leurs écritures et plaidoiries
(autorisation si naturelle, si juste, si conforme au
droit commun, qu'il était impossible de ne pas
l'attendre de la raison éclairée du meilleur des
hommes et des princes, et qu'il est permis de
croire qu'elle ne fait que précéder une mesure plus
générale que réclament les intérêts et les besoins
du pays); il nous semble, disons-nous, que toutes
ces choses, si elles ne décident pas encore absolument la question, y répondent du moins assez pour
mettre un terme aux inquiétudes, et donner l'espoir fondé du plus rassurant avenir.

Nous ne nous hâterons pas de conclure de tout
ce qui vient d'être dit que justice entière ait été
faite sur plusieurs points, et particulièrement quant
à la faculté, qui n'est encore accordée que par excep-
tion, de se servir en quelques cas de l'idiome fran-

çais , dont l'usage a été autorisé en Belgique depuis plusieurs siècles , par les divers gouvernemens qui ont régi ce pays : nous trahirions notre conscience et la vérité si nous disions que telle est notre pensée. Il a été fait assez sans doute pour faire naître les plus justes et les plus heureuses espérances , mais non pas assez pour justifier toutes celles qui avaient eté conçues. Toutefois , nous plaçons une confiance entière dans le noble cœur , dans les sentimens généreux de l'excellent prince qui gouverne les Pays-Bas, et dont, naguère encore, l'éloge mérité remplissait toutes les colonnes des journaux de ce royaume ; et si l'on réfléchit que celui qui est assis sur le trône est un homme , qu'à raison même de la hauteur de son rang, cet homme est, plus que tous les autres, sujet à l'erreur, parce que, malgré le désir sincère de connaître la vérité, plus de passions intéressées à obscurcir sa raison et à égarer sa justice , l'assiègent et se pressent autour de lui pour la lui cacher; qu'enfin, entre tant de conseillers de sa couronne , qui , tous, se disent également fidèles et dévoués, il a besoin du temps, de la réflexion, et des épreuves nécessaires pour discerner les sages avis des hommes qu'anime le véritable amour du bien public et de sa gloire , de ceux des courtisans de sa fortune : on s'étonnera moins sans doute de la prudente lenteur ap-

portée par le monarque à prononcer sur des questions
aussi graves, et qui, du point élevé de l'horizon
politique d'où il les considère, comme obstacle ou
moyen de son gouvernement, doivent nécessairement se montrer à lui avec des conséquences et
des résultats que ne peuvent ni calculer ni prévoir
ceux qui, placés à un degré inférieur de cet horizon, ne peuvent porter leur vue aussi loin, et
manquent des anneaux nécessaires pour continuer
la chaîne qui lie le passé au présent et le présent à
l'avenir.

En dernier résultat, loin de changer quelque chose au langage, tout national, qu'il aime à
faire entendre dans les discours par lesquels il
ouvre les Chambres législatives, Guillaume a, dans
celui qu'il a prononcé lors de la solennité du 19 octobre 1829, confirmé, par le nouvel usage qu'il
en a fait, cette expression si noble et si éminemment convenable dans la bouche du Souverain d'un
peuple libre, *nos concitoyens*, appliquée aux sujets
des Pays-Bas, expression qui, à l'époque de la
dernière session, avait si vivement ému tous les
cœurs.

Nous l'avouerons, quoi qu'en puissent dire quelques esprits trop irritables, toujours disposés à
placer le patriotisme dans la défiance des intentions du trône, nous comprendrions difficilement

pourquoi les mêmes paroles, en exprimant les mêmes sentimens et les mêmes promesses, déjà réalisées par des faits, n'obtiendraient pas aujourd'hui la même reconnaissance !..

Terminons cet article sur lequel il y aurait encore tant à dire, par quelques réflexions générales sur le gouvernement des Pays-Bas.

Dans ce pays, comme dans tous les autres, des abus graves et qui appellent toute la sollicitude du prince et de son gouvernement, se sont glissés sans doute dans l'administration, mais il ne saurait entrer dans le plan et le but de çet ouvrage, de nous occuper de semblables détails, que, sous un prince tel que Guillaume Ier, il suffit d'avoir indiqués pour être assurés que des mesures seront prises pour y mettre un terme. Ce dont nous croyons pouvoir être assurés, c'est que si quelque sujet Belge se trouvait blessé dans quelqu'un de ses droits constitutionnels, au lieu de se borner à consigner ses plaintes dans les feuilles publiques, ce qui, sans doute, est aussi un moyen de redressement dont nous sommes loin de désapprouver l'emploi, il devrait commencer, si l'objet lui paraissait d'uue importance assez grave pour y donner suite, par s'adresser aux autorités supérieures qui ont droit d'en connaître; et ce ne serait que sur le refus de celles-ci, de faire justice de leurs agens coupables, qu'il ne devrait pas hésiter un instant à faire appel à la justice du Monarque, bien sûr de l'obtenir prompte, car nous ne pensons pas avoir ouï dire une seule fois qu'il ait jamais repoussé les réclamations légitimes portées au pied du trône! Le discours de la Couronne aux chambres, en octobre 1829, donne, sur tous ces points, aux citoyens des Pays-Bas, des assurances et des garanties dont ceux d'entr'eux qui montrent des exigences plus susceptibles, doivent se trouver satisfaits. Nous l'avons dit en commençant cet article, et nous le répétons en le finissant : comme dans aucun cas il n'a pu être dans notre volonté de rendre suspecte la bonne foi de personne, nous avons droit aussi à ce que la nôtre ne soit pas soupçonnée, et c'est avec l'espoir d'être bien compris de ceux qui pourraient nous considérer en adversaires, que nous leur dirons avec le sentiment d'une conviction profonde : « Continuez avec courage et persévérance vos légitimes ·réclamations en faveur de vos droits; le prince vous a assez prouvé qu'il ne craignait pas plus de les entendre qu'il n'hésitait à y faire droit, lorsqu'après les avoir mûrement méditées il s'était assuré qu'elles étaient justes. Nous avons cité, à cet égard, des faits notoires et dont aucune allégation ne peut affaiblir l'évidence; mais n'oubliez pas que le pre-

mier et peut-être le seul moyen de succès est
dans l'union intime du Monarque et du Peuple ;
n'oubliez pas surtout que cette union ne peut
s'obtenir que par une confiance réciproque , et
que cette confiance elle-même ne s'établira que
par des communications exemptes de toute amertume , de tout fiel , de toute arrière-pensée. Avez-
vous besoin d'exemples ? jetez les yeux sur ce
qui se passe dans un pays voisin , sur vos frontières, à quelques pas de vous. Voyez par quel système, prétendu religieux et politique, la France
est envahie. Voyez-y le fanatisme impitoyable et
le principe exclusif du droit divin sans cesse aux
prises avec les lambeaux d'une charte foulée aux
pieds dans ses dispositions fondamentales : l'unité
électorale anéantie par le double vote résultant de
l'établissement des grands collèges, et le mode de
renouvellement de la chambre , devenu intégral
de partiel que l'avait fait la Charte , et septennal
d'annuel. Descendez ensuite dans les détails, et
voyez à chaque pas les lois éludées par des ordonnances ; la destruction du principe de l'égalité constitutionnelle ; le rétablissement progressif, toujours
par , ordonnance , de toutes les institutions, de
toutes les dénominations féodales* ; toutes les com-

* Voyez, entre mille autres exemples journaliers, l'ordonnance

binaisons imaginables, conçues et proposées au nom des lois, par les journaux organes du ministère Polignac, dans le but de saper par leurs bases les principes et les institutions de la Charte de Louis XVIII, et ne formant plus, avec les feuilles de la faction congréganiste et celles du ministère britannique, qu'un tout homogène et un système unique pour parvenir, tantôt par la ruse, tantôt par la violence, à l'anéantissement de tous les droits acquis *. Comparez, dirons-nous encore à ceux dont l'esprit est plus difficile à convaincre, cette France si belle, naguère si libre et si florissante, avec votre heureux pays, dont la loi constitutionnelle n'a subi d'altération notable dans aucune de ses dispositions fondamentales, et qui, si elle a reçu, soit dans les discours,

qui, dans le jargon et avec les titres gothiques du douzième siècle, élève M. de Faucigny au rang de prince de Lucinge.

* Il est tout-à-fait remarquable que celui de ces journaux qui représente exclusivement l'opinion congréganiste, (*la Gazette de France*) et qui le premier a embouché la trompette pour demander la réunion de la Belgique à la France, attaque maintenant les feuilles libérales qui, au moins dans un esprit français, ont fait entendre le même vœu qu'elle. M. de Polignac, qui, pour n'être pas jugé par les hommes politiques du département des affaires étrangères, les a mis prudemment dans la nécessité de prendre leur congé, et qui joint à la nullité la plus complète, la plus haute opinion de lui-même, ne jouerait-il pas ici le rôle du renard de la

soit dans les actes de tel ministre que nous laissons à nos lecteurs le soin de nommer, diverses atteintes dans l'exécution de quelques uns de ses articles réglementaires, peut, d'un moment à l'autre, et d'un commun accord entre le monarque et les représentans de la nation, être ramenée à son principe et à son esprit. Ou notre illusion est grande, ou cet heureux jour, dont tout le monde sent le besoin, ne doit pas tarder à luire sur le royaume des Pays-Bas.

GUILLAUME-FRÉDÉRIC-GEORGES-LOUIS,
PRINCE D'ORANGE.

En respectant les motifs qui tenaient, il y a un an, ce prince éloigné des affaires, et en gardant

---

fable ? Tout nous porte à le croire et nous ne doutons pas que, lorsque le jour des révélations sera arrivé, car il arrivera enfin, ce pauvre prince ne soit fort embarrassé de se soustraire au ridicule de toutes celles qui pleuvront sur lui. Il est vrai que l'ambassade d'Angleterre lui restera toujours et qu'il sera sous la protection du *maréchal de France* Wellington ; mais les sifflets de Paris ont de l'écho à Londres et le noble duc sera probablement alors trop occupé de ses propres affaires pour se mêler de celles des autres. Ce qu'il y a malheureusement de vrai et surtout de fâcheux dans tout cela, c'est que d'ici-là le président anglo-français du cabinet de Charles X, aura eu le temps de faire beaucoup de mal à la France, et que ce temps n'aura pas été perdu pour lui.

sur les considérations de famille qui avaient pu le
porter à prendre cette résolution, un silence qu'il
n'est en aucun cas permis à l'historien de rompre
quand il s'agit de faits qui n'appartiennent point à
l'ordre politique, nous éprouvions, dans l'intérêt
du royaume des Pays-Bas, auquel appartiennent
quelques uns de nos collaborateurs, un vif regret
de voir l'héritier de la Couronne étranger à l'administration d'un pays sur lequel il est appelé à
régner un jour, et aux importantes discussions qui
s'agitent dans les conseils de son auguste père et
ceux de la nation. Rien ne pouvait causer une plus
agréable surprise aux sujets belges et aux étrangers
qui prennent un intérêt sincère à la prospérité et au
bonheur de leur pays que de voir que l'obstacle mis,
jusqu'à ce jour, par la volonté du prince héréditaire, à son entrée dans les conseils et à sa participation au gouvernement de l'état, avait cessé d'exister,
et qu'il venait d'être appelé tout ensemble, par le
Roi son père, à la présidence du conseil d'état,
dans l'absence du monarque, et au commandement général des gardes communales du royaume,
qui ont dû reconnaître, à un tel choix, combien
était grande et honorable la confiance que le souverain plaçait en elles. Depuis l'instant de la double nomination du prince d'Orange aux hautes fonctions auxquelles l'affection royale l'a élevé, toute

la vie de ce prince est changée, et sa prodigieuse activité est à peine concevable. On le voit presqu'en même temps à la tête des conseils et de l'armée citoyenne, dont il s'honore dans toutes les occasions de s'appeler le frère d'armes. Il en passe alternativement toutes les divisions en revue, et en reçoit partout l'accueil qu'a droit d'attendre d'un peuple généreux et reconnaissant, un prince brave, loyal, bienveillant, et qui a scellé de son sang la fondation du trône constitutionnel sur lequel il est destiné à s'asseoir à une époque qui toutefois ne sera jamais assez éloignée pour lui. Les écrivains politiques qui aiment à faire des rapprochemens entre les événemens et les hommes qui influent sur la destinée des états, parce qu'ils savent que, de ces rapprochemens, résultent presque toujours d'utiles leçons pour les peuples et pour les princes, ont remarqué que c'est à peu de distance que Charles X a détruit la garde nationale en France, que Guillaume Ier l'a créée dans les Pays-Bas, en a donné le commandement au prince héréditaire, et a confié à cette garde la défense intérieure du pays. Mais Guillaume Ier ne fait point de coups d'état, il ne s'adresse qu'à la raison publique qui finit toujours par être écoutée. Lorsque les faits parlent si clairement, si haut, et avec une telle évidence, la tâche de l'historien devient bien facile ; il n'a, pour être bien compris, qu'à s'en rapporter au bon sens, à l'expérience et à la sagacité de ses lecteurs.

MINISTÈRE DES PAYS-BAS.

Président du conseil des ministres, et du conseil d'état dans l'absence du Roi, le prince D'ORANGE.

Amiral des forces navales de l'état et colonel des différentes armes de terre, ayant, en cette qualité, la direction suprême des départemens de la marine et de la guerre, le prince FRÉDÉRIC, fils du Roi.

Vice-président du conseil d'état, le baron MOLLERUS.

Ministre de la justice, M. VAN MAANEN.

Ministre des affaires étrangères, le baron VERSTOLCK VAN ZOELEN.

Ministre de l'intérieur, M. DE LA COSTE.

Ministre des finances, M. VAN TETS VAN GOUDRIAN.

Ministre de la marine et des colonies, M. ÉLOUT.

Secrétaire d'état, le baron DE MEY DE STREEFKERK.

Ministre du waterstaat, de l'industrie nationale, M. VAN GOBBELSCHROY.

AMBASSADEURS,

MINISTRES ET CHARGÉS D'AFFAIRES

DES PAYS-BAS

PRÈS LES DIFFERENTES COURS DE L'EUROPE.

ANGLETERRE.	M. DE FALCK, ambassad.,(maintenant en France.)
AUTRICHE.	Le baron DE SPAEN VAN VOORSTONDE, env. ext. et ministre plénipotentiaire.
BADE.	M. NEL DE WIER, ministre résident.
BAVIERE.	Le baron MOLLERUS, env. extr. et min. plén.
DANEMARCK.	Le vicomte DE QUABECK, env. extr. et min. pl.
ESPAGNE.	M. DEDEL, env. extr. et min. plén.
ETATS-ROMAINS.	Le comte DE CELLES, ambassadeur, (maintenant à La Haye.)
FRANCE.	Le baron ROBERT DE FAGEL, env. ext. et min. pl.
NAPLES.	. . . .
PARME.	. . . .
PORTUGAL.	. . . .
PRUSSE.	Le comte DE PERPONCHER, env. ext. et min. plén.
RUSSIE.	Le baron D'HEECKEREN, env. extr. et min. plén.
SARDAIGNE.	M. VAN DER HOEVEN, env. extr. et min. plén.
SAXE.	Le comte DE GRUNNE, env. extr. et min. plén.
SUEDE.	Le baron DE CROMBRUGGHE, env. extr. et min. pl.
TOSCANE.	Le comte DE CELLES, ambassadeur à Rome.
TURQUIE.	Le baron VAN ZUILEN VAN NYEVELT, ambassadeur, (maintenant à Bruxelles.)
WURTEMBERG.	M. D'ECK, chargé d'affaires.

PARME.

PARME.

MARIE-LOUISE,

ARCHIDUCHESSE D'AUTRICHE, DUCHESSE.

Rien n'est changé, depuis un an, dans la position de Marie-Louise. Elle voyage de Vienne à Parme, de Parme à Vienne; et, pour se distraire des fâcheuses impressions qu'a dû produire sur la veuve de Napoléon le décès de son second époux le feld-maréchal comte de Neipperg, mort à Parme, le 22 mars 1829, cette princesse a fait cette année une excursion jusqu'à Genève. Les politiques de café ont cru devoir tirer de grandes conséquences de ce voyage, qui, toutefois, n'en a pas eu plus que les autres. A les entendre, il ne s'agissait de rien moins que de réunir une partie de la France sur les frontières de l'Est pour y recevoir Marie-Louise et son fils. Ce qu'il y a de plus plaisant, c'est que l'odieux et stupide ministère Polignac, arrivant au pouvoir, s'est montré tellement effrayé de ces bruits que, semblable à Hérode ordonnant le massacre des innocens, il s'est hâté de faire saisir et détruire tous les plâtres qui représentaient un

jeune homme de l'âge du duc de Reichstadt, ce
qui a donné naissance, devant les tribunaux cor-
rectionnels français, à une foule de procès qui ont
couvert de ridicule, chez la nation de l'Europe où
le ridicule ne s'efface jamais, ce pauvre prince de
Polignac, ministre des affaires étrangères de France
par la grâce du duc de Wellington, dont la suffi-
sance et l'incapacité sont déjà proverbiales, et qui
avoue, dans les expansions naïves de sa confiance
« qu'il est dans sa destinée d'enchaîner les révolutions. » On dit néanmoins, et nous nous croyons
bien informés, que, malgré toutes les précautions
que prend le prince de Metternich, pour épar-
gner aux Bourbons le violent cauchemar que
cause à ceux-ci le seul nom du duc de Reichstadt, ce pauvre petit cousin, bien qu'il ne s'en
doute guère, met en émoi le maître et le valet,
toutes les fois qu'il est question de lui aux Tuileries.

Au reste, l'existence de ce jeune prince, qu'on
avait dit autrefois destiné à l'Église, est maintenant fixée. Ne pouvant, aux termes du congrès de
Vienne de 1815, et peut-être jusqu'à ce que d'autres évènemens en décident autrement, être revêtu d'une souveraineté, son grand-père François 1er
qui, comme on l'a vu ailleurs (Autriche), lui
porte une affection particulière, l'a doté, en biens

fonds situés en Bohême, d'un revenu annuel de 400,000 florins, outre ceux de la seigneurie de Reichstadt, érigée pour lui en majorat et en duché dont il a reçu le titre, en même temps qu'il prenait rang immédiatement après les princes de la maison impériale d'Autriche.

L'impératrice Marie-Louise, retournée dans ses états de Parme, à la suite de son voyage à Genève, y est tombé gravement malade, et le 7 décembre 1829, on y désespérait de ses jours.

NAPOLÉON-FRANÇOIS-JOSEPH-CHARLES,

DUC DE REICHSTADT.

L'ordre de succession des états de Parme est définitivement fixé par l'article 99 de l'acte final du congrès de Vienne, et par un traité du 10 juin 1817 entre l'Autriche, la Russie, la Grande-Bretagne, la France, la Prusse et l'Espagne. On sait que, par ces deux actes, la succession de ce duché est dévolue à l'infant Don Louis de Bourbon, prince de Lucques et fils du roi d'Étrurie, né duc de Parme, Plaisance et Guastalla. Ainsi, de compte fait, voilà cinq trônes occupés en Europe, par la maison de Bourbon : ceux de France, d'Espagne, de Naples, de Parme et de Portugal, puisqu'en définitive l'implacable et digne mère de Don Miguel, véritable reine régnante de ce dernier pays, appartient aussi à cette race. On voit par là que, depuis quelques siècles, les Bourbons ne se sont pas mal arrondis en Europe; mais ce qui peut paraître extraordinaire, c'est l'extrême complaisance avec laquelle les cabinets ont prêté la main à des arrangemens aussi contraires au maintien de l'équilibre européen, que les traités de Paris et de Vienne semblaient avoir eu pour but de rétablir.

MINISTÈRE.

Secrétaire d'état, chargé de l'administration suprême, et des affaires étrangères, le baron JOSEPH DE WERKLEIN, colonel au service d'Autriche.

Département de l'intérieur, le baron DE CORNACCHIA.

Département de la guerre, le baron DE WERKLEIN.

Département des finances, le baron DE BONDANI.

Le duché de Parme n'a de ministres qu'à Paris et à Rome, et dans ces deux résidences, ces fonctions sont remplies par les ambassadeurs d'Autriche comte d'Appony et comte de Lutzow.

PRUSSE.

PRUSSE.

FRÉDÉRIC-GUILLAUME III.

Cet état, l'un des plus sagement administrés de l'Europe, tend, par une marche lente, progressive, conforme à l'esprit du siècle, et que seconde le souverain honnête homme qui le gouverne, vers un système représentatif approprié aux mœurs, aux besoins, aux habitudes de ses sujets. Chaque année, chaque mois est témoin de l'essai de quelque nouvelle institution favorable à la prospérité du pays et aux intérêts de la liberté*. On a beau-

---

* On peut en juger par les actes suivans :

1° L'édit de 1809 concernant le pouvoir de rendre aliénables les domaines do la couronne.

2° Le décret du 22 mai 1815, par lequel le roi déclare que ses états auront une constitution représentative.

3° La loi générale du 5 juin 1823, concernant l'institution d'états provinciaux.

4° Les lois particulières du 1er juillet 1823, pour la marche de Brandebourg et la basse Lusace, le royaume de Prusse, la Poméranie et Rugen ; celles du 24 mars 1824, pour la Silésie, Glatz et la haute Lusace, ainsi que la province de Saxe et celles de Westphalie et du Rhin.

5° La constitution pour Neufchatel du 18 juin 1814.

coup répété que la Prusse n'est qu'une monarchie
militaire. Ce nom, qui entraîne avec lui l'idée de
l'arbitraire et du despotisme, ne saurait convenir
à un pays dont le souverain, descendant dans tous
les détails de l'administration, s'occupe, avec le soin
le plus attentif, à maintenir une exacte justice, une
parfaite égalité dans la distribution des honneurs,
des grâces, des récompenses; respecte tous les
droits acquis; fait que tout fonctionnaire public a
droit de se considérer, tant qu'il n'a pas démérité
du pays, comme inviolable dans le poste qu'il occupe; et ne permet pas qu'un serviteur de l'état,
quelque obscurs que soient ses services, soit privé
du droit d'élever la voix contre l'injustice ou l'ingratitude du prince et de ses ministres. En un mot on
procède en Prusse, avec tant d'ordre, d'impartialité et de sagesse envers les employés du gouvernement, qu'il est très-rare qu'un seul d'entr'eux ait
à faire entendre des plaintes sur quelque passe-droit
dont il aura été victime. Donnez aux Prussiens une
garantie assurée contre les vices et les mauvais pen-
chans du successeur possible du meilleur de ses
princes et vous aurez le plus sage des gouvernemens.
Mais ici nous répéterons ce que nous avons dit plus
haut à l'égard du Danemarck : c'est que là où il n'y a
point d'institutions, il n'y a point d'avenir; et si
l'insouciance de cet avenir peut, en quelques cas,

être considérée dans l'homme privé comme un acte de sagesse et de philosophie, appliquée aux gouvernemens, elle est toujours de la part du corps politique un acte de démence, un crime de l'état contre lui-même, un suicide moral.

Cette vérité paraît avoir été profondément méditée et sentie par Frédéric-Guillaume qui, après avoir, pendant plusieurs années, livré aux réflexions et à l'examen des hommes d'état les plus éclairés de son pays, les projets d'amélioration que paraissaient solliciter plus impérieusement l'intérêt de la Prusse et le vœu de ses habitans, a successivement soumis ces théories à l'expérience, et, selon que leur essai en a constaté les inconvéniens ou les avantages, ordonné qu'elles fussent ou introduites immédiatement dans l'administration des provinces ou mieux mises en harmonie avec les besoins des peuples.

Ce moyen était lent sans doute et répondait mal aux vœux impatiens d'une partie des sujets prussiens, empressée de jouir des bienfaits qui avaient été promis, il y a dix-sept ans, à ces nombreuses populations de l'Allemagne, accourues avec un si noble enthousiasme sous les drapeaux de leurs princes, pour les affranchir du joug de l'oppresseur de l'Europe. N'ayant oublié aucun des engagemens pris avec elles aux jours des dangers,

dans le but d'amener la délivrance commune, qui
avait été la suite de leur dévouement, et considé-
rant comme un contrat réciproque et sacré les
promesses par lesquelles leurs princes s'étaient
engagés à leur donner des institutions libres, en
échange du sang qu'elles avaient versé pour les
soustraire à la domination de Napoléon, ces populations s'irritèrent vivement des délais que, par
diverses considérations politiques, quelques cabinets crurent devoir apporter à l'accomplissement
des engagemens pris par eux. De jeunes fanatiques
sortirent de leur sein, et, par l'exécution de projets sinistres, jetèrent l'effroi dans les cabinets.
Loin d'amener ceux-ci à une plus prompte exécution de leurs promesses ces violences qui, si
elles n'eussent été réprimées, pouvaient amener la
dissolution du corps social, décidèrent les souverains à ajourner l'effet de leurs promesses, s'il est
vrai qu'ils eussent jamais eu la volonté sincère de
les remplir dans leur intégrité, à des époques
éloignées et auxquelles il ne resterait plus de
traces de l'excessive irritation du moment. Ce
plan a été long-temps suivi avec persévérance et
une rigueur peut-être extrême, et que ne jus-
tifiait certainement pas la nature des dangers
dont ces princes se croyaient menacés. Nous re-
marquons toutefois, avec une joie sincère, que

Frédéric - Guillaume est celui des princes alle-
mands qui, rassuré par les sentimens d'affection et
de confiance que lui portent ses sujets et dont il
est si digne à tant de titres, a, le premier, levé
l'espèce d'interdit si légèrement jeté sur les généreuses populations de l'Allemagne, en appelant ses
sujets à prendre une part active dans les affaires
de leurs provinces; pas immense dans un pays où
les habitans étaient, jusqu'à ce jour, demeurés
étrangers au mécanisme de l'administration, et qui
annonce le développement progressif des vues
bienfaisantes du sage et prudent monarque qui
juge son siècle et tient à honneur de marcher avec
lui, si différent en cela de ces princes aveugles du
midi de l'Europe, qu'aucun exemple ne frappe,
qu'aucune leçon n'instruit, et qui, pour le
malheur des peuples soumis à leur sceptre, n'ar-
riveront à la postérité (car il y en a une pour les
méchans princes comme pour les bons) que chargés de l'exécration et du mépris de leurs contemporains et de l'histoire.

Frédéric-Guillaume a joué un très-noble rôle
dans les affaires de l'Orient. Il s'y est présenté en
pacificateur, et c'est un fait connu que son intervention a obtenu ce que n'avaient pu obtenir celles
de l'Angleterre et de la France. L'amitié la plus
franche, une confiance sans réserve plus encore

peut-être que les liens du sang, bien que ceux-ci ne puissent être ni plus étroits ni plus intimes, unissent les souverains de la Prusse et de la Russie, et il y a lieu de croire que le système d'amélioration que Frédéric - Guillaume introduit maintenant dans ses états sera également, et avec des ménagemens semblables, introduit par Nicolas dans les siens. Nous nous empressons de reconnaître, avec tous les hommes éclairés, de bonne foi, et qui jugent bien les deux pays, que les institutions libres n'y peuvent prendre racine qu'en les modifiant sur les mœurs, les habitudes, les préjugés, et, tranchons le mot, sur la barbarie même d'une partie de ces populations, étrangères jusqu'à ce jour à toute idée de civilisation, et qui, si elles étaient livrées sans guide à leur propre jugement, ne verraient dans la liberté, telle que nous en jouissons, et dont, chez nous-mêmes, l'abus est souvent si près de l'usage, qu'un moyen de s'entre-détruire. Concluons que les sages mesures prises par Frédéric-Guillaume, si, comme nous aimons à ne pas en douter, et comme les faits l'attestent, ces mesures n'ont pour but que de mettre ses sujets en état de jouir un jour, sous la protection d'une loi fondamentale, des bienfaits d'une liberté sage et réglée par les lois, ont droit à l'approbation de quiconque ne cherche dans la li-

berté qu'un moyen de plus de rendre les hommes
meilleurs et plus heureux. Au reste, ce n'est pas
seulement dans les états prussiens que se déve-
loppe ce système d'améliorations ; le petit état de
Neufchatel en éprouve en ce moment les heureux
effets, et Guillaume III vient de fixer une somme
annuelle de 9000 fr. pour y favoriser les progrès
de l'enseignement mutuel, si odieux au jésuitisme,
et proscrit, par cette raison, de la France, par
Charles X et ses ministres.

Ce n'est pas sans quelque regret que nous avons
lu dans un des numéros de la Gazette d'état de
Prusse, ordinairement recommandable par la jus-
tesse de ses aperçus, des réflexions sur l'état actuel
de la France, qui manquent tout-à-fait d'exactitude
et de vérité. L'auteur de ces réflexions part d'un
point de vue complètement faux. Il prétend que
c'est calomnier les ministres français que de les
croire ennemis de la Charte et capables d'agir
contre elle ; mais il oublie donc le refus fait, il y
a 15 ans, par M. de Polignac de prêter serment à
cette Charte ; il a donc perdu la mémoire du joli mot
de M. de la Bourdonnaye, qui, dans une de ses
anciennes gaîtés, prétendait que le plus beau jour
de sa vie serait celui où il verrait ces mots écrits sur
la porte de la chambre des députés : *Chambre à
louer ?* Il n'a donc pas un seul correspondant à

Paris qui l'instruise de ce qui pourtant n'y est
ignoré de personne, de la haine mortelle que tous
les membres du ministère du 8 août, pris indivi-
duellement et collectivement, portent aux sages
institutions de Louis XVIII ? La Gazette d'état de
Prusse fait bien quelques demi-aveux sur les torts
et l'impopularité du ministère Polignac ; on voit
que son sens est droit et que ses intentions sont
franches et loyales, mais elle ne connaît ni la France
qu'elle paraît croire encore livrée à l'effervescence
révolutionnaire, ni les membres d'une opposition
toute pacifique et qui ne demande qu'à jouir en
paix, mais dans toute leur plénitude, des droits que
lui assure la Charte constitutionnelle donnée par
Louis XVIII et solennellement jurée par Charles X.
Il nous semble qu'il n'y a rien de révolutionnaire
dans tout cela, quoique nous sachions bien que
la tactique d'une faction est aujourd'hui de confon-
dre les mots *constitutionnel* et *révolutionnaire*, pour
rattacher au premier tout ce que les souvenirs du
second peuvent rappeler d'odieux. Nous verrions
avec une véritable peine que la Gazette d'état de
Prusse fût dupe d'une semblable jonglerie.

FRÉDÉRIC-GUILLAUME,

Prince royal, né le 15 octobre 1795. marié à Élisabeth-Louise de Bavière, née le 12 novembre 1801, héritier de la couronne de Prusse. Les amis des institutions constitutionnelles attendent beaucoup de la sagesse, des réflexions et de l'expérience de ce prince.

MINISTÈRE PRUSSIEN.

Président, le PRINCE ROYAL.

Ministre du culte, de l'instruction publique et des affaires médicales, le baron D'ATTENSTEIN.

Ministre de la justice, le comte DE DANKELMANN.

Ministre de l'intérieur, le baron DE SCHUCKMANN.

Ministre de la maison du roi, le prince DE SAYN-WITTGENSTEIN.

Ministre des affaires étrangères, le comte DE BERNSTORFF.

Ministre de la guerre, M. DE HAKE.

Ministre des finances, M. DE MOTZ.

Direction générale des postes, M. DE NAGLER.

AMBASSADEURS,

MINISTRES ET CHARGÉS D'AFFAIRES

DE PRUSSE

PRÈS LES DIFFÉRENTES COURS DE L'EUROPE.

ANGLETERRE.	Le baron DE BULOW, env. extr. et min. plén.
AUTRICHE.	Le baron DE MALTUAHN, env. extr. et min. plén.
BAVIÈRE.	M. DE KUSTER, envoyé extraordinaire.
DANEMARCK.	Le comte DE MEURON, env. extr. et min. plén.
ESPAGNE.	M. DE LIEBERMANN, env. extr. et min. plén.
ETATS-ROMAINS.	M. BRUNSEN, ministre résident.
FRANCE.	Le baron DE WERTHER, env. extr. et min. plén.
NAPLES.	Le comte DE VOS, env. extr. et min. plén.
PAYS-BAS.	Le comte DE WALDBOURG, env. ext. et min. plén.
PORTUGAL.	. . . .
RUSSIE.	M. DE SCHOELER, env. extr. et min. plén.
SAXE.	M. DE JORDAN, env. extr. et min. plén.
SUÈDE.	M. DE TARRACH, env. extr. et min. plén.
TOSCANE.	Le baron DE MARTENS, env. extr. et min. plén.
TURQUIE.	M. DE ROYER, env. extr. et min. plén.
WURTEMBERG.	M. DE KUSTER, envoyé extraordinaire.

TOSCANE.

TOSCANE.

LÉOPOLD II, GRAND-DUC.

C'est un heureux privilège de la Toscane, de jouir, sous le plus beau ciel, du gouvernement le plus doux de l'Europe. Les archiducs d'Autriche qui, loin d'avoir apporté les principes et les mœurs de leur pays en Toscane, paraissent avoir été transformés en des hommes nouveaux au moment où ils sont venus prendre le gouvernement de ce pays, y exercent une autorité toute paternelle, et qui semble subir toute l'influence du climat et des mœurs éminemment civilisées des habitans. Léopold II, grand-duc actuel, gouverne la Toscane d'après les principes qui dirigèrent ses prédécesseurs. Il y est universellement aimé, bien que son gouvernement comme celui de Ferdinand III, ait la police pour mobile principal, parce que, ainsi que nous l'avons dit il y a un an, cette police, toute de curiosité, n'est ni fatigante, ni inquisitoriale, ni tracassière, et que même, dans plusieurs circonstances, elle a amené des résultats heureux et inattendus. Toutes choses étant, en ce pays, sur le pied où elles étaient en 1818, nous renvoyons nos lecteurs aux documens que nous avons donnés à cette époque.

MINISTÈRE.

Ministre des affaires étrangères, conseiller privé d'état, des finances et de la guerre, et premier directeur des secrétaireries, le comte Fossombroni.

Directeur de la chancellerie royale d'état, conseiller privé des finances et de la guerre, M. Neri.

Directeur de la chancellerie des finances et de la dépositairerie royale, M. Cempini.

Conseiller privé d'état, des finances et de la guerre, M. Nomi.

AMBASSADEURS,

MINISTRES ET CHARGÉS D'AFFAIRES

DE TOSCANE

PRÈS LES DIFFÉRENTES COURS DE L'EUROPE.

ANGLETERRE. . . . .
AUTRICHE. M. d'Osmes, chargé d'affaires.

BADE.	. . . .
BAVIÈRE.	. . . .
DANEMARCK.	. . . .
ESPAGNE.	Le comte de Brunetti.
ÉTATS ROMAINS.	Le comte de Lutzow , ambassadeur d'Autriche.
FRANCE.	Le commandeur Berlinghieri , minist. résident.
PAYS-BAS.	. . . .
PORTUGAL.	. . . .
PRUSSE.	. . . .
RUSSIE.	. . . .
SARDAIGNE.	. . . .
SAXE.	. . . .
SUÈDE.	. . . .
TURQUIE.	. . . .
WURTEMBERG.	. . . .

RUSSIE.

RUSSIE.

NICOLAS Ier, (PAULOWITZ) EMPEREUR.

Une année a vu changer les destinées de cet empire, et, avec elles, l'opinion qu'il faut se former désormais du prince qui le gouverne. Que ce prince jette les yeux autour de lui, et il verra qu'une résolution énergique, tout entière dans l'intérêt de la civilisation européenne, inaccessible à la crainte comme à aucun retour sur elle-même, prise en face des impuissantes menaces de quelques cabinets européens, et déjà couronnée des plus brillans succès, a suffi pour changer en acclamations de triomphe les alarmes de l'Europe; car, il ne faut pas s'y tromper, les peuples * sont d'ex-

---

* Expliquons-nous sur ce que nous entendons par ce mot *peuples*, dont une basse malveillance ne manquerait pas de s'emparer contre nous. Les peuples sont la classe propriétaire, active, industrielle, commerçante, agricole de tous les pays; les magistrats, les militaires, en un mot toutes les classes moyennes et éclairées de l'ordre social. Hors de là, il n'y a que des privilégiés et des prolétaires, qui ont droit sans doute à la protection du gouvernement, mais dont, à raison du petit nombre des uns dont les intérêts sont à part de ceux de la nation, et de l'ignorance des autres, au plus grand

cellens juges de ce qui est dans l'intérêt de leur gloire et de leur bonheur. Ainsi, malgré les généreuses intentions d'Alexandre, il ne leur avait pas fallu plus de temps pour reconnaître que l'alliance appelée *sainte*, dont le but ostensible et avoué était le maintien de la paix, tandis que son but secret et véritable serait leur oppression et leur abrutissement, qu'il ne leur en a fallu, en dernier lieu, pour se convaincre que la guerre d'Orient, proclamée ambitieuse et conquérante par les cabinets Wellington et Metternich, n'était réellement conçue que dans l'intérêt de la civilisation, de la liberté du commerce dont l'Angleterre prétend se réserver le monopole, et, comme un premier pas vers cette *sage* diffusion des lumières dans laquelle les hommes du pouvoir absolu ne veulent voir que le mobile désorganisateur de toutes les révolutions, et que tout ce qu'il y a d'êtres pensans, éclairés et de bonne foi parmi les hommes d'état de l'Europe, considère comme le moyen assuré et peut-être unique de rendre désormais les révolutions armées impossibles. Qui ne voit, en effet, que ce n'est qu'en donnant aux nations, d'une manière appro-

nombre desquels les occupations journalières nécessaires à son existence ne laissent pas le temps de s'instruire, l'opinion ne doit influer en rien dans les grandes questions d'état. Le peuple, en un mot, c'est tout ce qui pense, raisonne, travaille, produit.

priée aux besoins, aux mœurs, aux lumières, aux habitudes, aux préjugés même de chacune, la somme de liberté progressive à laquelle le degré de perfection plus ou moins avancé de son état social lui permet d'aspirer, qu'on peut espérer d'arrêter le mouvement qui la porte à conquérir tout ce qu'elle sent devoir ajouter à son bien-être? Or, qui peut opérer, sans violence, sans choc de passions et d'intérêts, ces révolutions morales, si ce n'est ce petit nombre d'hommes, appelés empereurs ou rois, à qui le hasard de la naissance a confié le sort des nations? Sans doute, elles ne s'accompliront pas sans quelques oppositions, sans quelques luttes, conséquences inévitables de l'organisation de l'esprit humain qui, n'étant pas la même dans tous les hommes, ne permet pas qu'ils aient une manière uniforme de voir sur les mêmes questions; mais de combien peu d'importance sont de semblables divergences d'opinion, si on les compare aux effrayantes suites des dissensions civiles, résultats naturels et presque toujours inévitables des dénis de justice faits par les trônes aux justes doléances des peuples!

Cette digression ne nous a paru ni inopportune ni inutile, au moment où quatre puissances, divisées entr'elles sur plusieurs points, paraissent cependant être d'accord sur celui de donner un gouvernement à la Grèce. Il est vrai que, de ces puissances, l'une (l'Angleterre) ne veut pour ce pays que d'étroites limites et une liberté dérisoire ; que l'autre (la France) n'a guère su, jusqu'à présent, ce qu'elle voulait, et voudra désormais tout ce que voudra l'Angleterre ; qu'enfin, la troisième (l'Autriche) n'a qu'une volonté bien déterminée, celle d'annexer à ses états la plus grande partie possible de territoire, pris sur tel ou tel autre, sans trop s'embarrasser par quels moyens, et d'y établir son pesant absolutisme. La Russie seule s'est montrée loyale et désintéressée dans cette question, bien que la générosité qui l'avait portée à laisser aux cabinets de Londres et des Tuileries le soin de résoudre la question grecque ait été mal récompensée et n'eût point empêché ces cabinets de se liguer contre elle avec l'Autriche et la Porte ottomane si les chances de la guerre lui eussent été défavorables. Toutefois, loin que sa bonne foi lui ait été funeste, elle a éclairé les peuples de l'Europe ; celui surtout qu'une récente révolution de cabinet, non moins hostile à la Russie qu'à la France elle-même, vient de porter à réfléchir, plus sérieusement qu'il ne l'avait fait encore, sur la nature des alliances que ce cabinet prétend lui imposer ; sur celle des haines et des affections politiques dans lesquelles il s'efforce de l'engager ; enfin sur les guerres dans lesquelles, par suite de ces affections et de ces haines également en opposition avec son caractère et son intérêt national, la France pourrait se trouver entraînée. S'il est vrai que, dans la noble cause qu'ils soutiennent, de concert avec la Prusse, la Russie et son Empereur ont pour eux, l'Angleterre et l'Autriche exceptées, la sympathie de tous les peuples du continent, qui pourrait nier que cette sympathie, qui est aussi une puissance, ne puisse, au besoin, devenir pour eux une alliée redoutable? Nous nous bornons, comme observateurs politiques, à indiquer ce fait, qui, sans doute, n'aura pas échappé aux méditations des hommes d'état de Pétersbourg et de Berlin, et sur lequel l'opinion des peuples de la France, de l'Italie, de l'Allemagne, etc., ne laisse aucune incertitude.

Nous ne retracerons pas, jour par jour, la marche à la tête de ses troupes de l'empereur Nicolas; nous nous bornerons à dire que, tandis que les feuilles libres de l'Angleterre et les journaux censurés de Vienne se plaisaient à exagérer les pertes de l'armée russe, résultats inévitables des vicissitudes de la saison, de l'état déplorable des routes dans des pays sauvages, des maladies, de la peste et de quelques fausses combinaisons militaires et administratives, que, souvent même, leur imagination et leur malveillance inventaient au gré de leur désirs et de leurs espérances, on voyait ce prince,

dont tant de chagrins personnels, et les procédés odieux de ceux qui se disaient encore ses
alliés ne pouvaient lasser la constance et affaiblir le courage, prendre souvent une part active
aux dangers et à la gloire de ses soldats; et
cependant il ne cessait alors de négocier pour
obtenir de la Porte qu'elle acceptât les propositions modérées qu'il lui offrait, à chaque pas
fait en avant par ses armées. Inspirée par l'Angleterre qui, par suite de revers momentanés de
la Russie, espérait contraindre cette puissance à
entrer dans des négociations honteuses pour elle,
la Porte se montra décidée à repousser toutes les
avances de l'Empereur et à continuer une guerre
à outrance. Elle se montra même d'autant plus
ferme dans cette résolution que, dès lors, elle
avait, par les communications secrètes qu'elle ne
cessait d'entretenir avec le cabinet britannique, la
certitude que, tôt ou tard, le cabinet des Tuileries,
jusque-là attaché à la neutralité, ou se réunirait
ouvertement à elle ou serait remplacé par un cabinet nouveau. C'est cette assurance, donnée depuis long-temps à la Porte par le duc de Wellington
et le prince de Metternich, que Charles X, cédant,
en même temps à la double faction jésuitique et
absolutiste et à celle de l'étranger dont il est l'a-
veugle instrument, a réalisée le 8 août 1829, par le

choix des agens de Londres et de Rome qu'il a simultanément appelés au pouvoir, et dont le maintien, s'il était possible, consommerait, en peu d'années, la ruine de la monarchie française.

Nous sommes fondés à croire qu'à Pétersbourg, avant le départ de l'Empereur pour l'armée, à Odessa et à Varna, pendant la campagne, et dans la capitale de la Russie depuis le retour de ce prince, des mesures de sûreté et de surveillance ont été prises autour de lui pour écarter les dangers de plus d'un genre qui pouvaient le menacer, et dont ceux qu'il avait le plus à craindre provenaient, au moins autant, d'origines étrangères, que de l'esprit d'exaltation et d'imprudence qui, depuis quelques années, s'était emparé de quelques Russes, trop empressés à faire à leur pays sortant à peine de la barbarie, l'application des principes et des doctrines de la liberté constitutionnelle. C'est, dans l'état présent des relations européennes, un point historique d'une assez haute importance à débattre, tant à cause de la nature du fait en lui-même et de ses conséquences, qu'à raison de l'opinion que doit se former l'empereur de Russie sur les causes de la mort de son excellent frère, pour que nous n'épargnions rien, autant au moins que nous le permettent les documens qui sont à notre disposition, pour approfondir ce mystère d'iniquité. Nous pourrous aussi être guidés dans cette recherche par ceux de nos souvenirs qui se rattachent à la fin violente de deux d'entre les derniers souverains de la Russie. Pierre III, victime d'une révolution de cabinet qui lui donna la mort, après avoir placé la couronne sur la tête de son épouse Catherine II ; et Paul Ier, sacrifié par une conspiration de palais à laquelle venaient de s'associer les intérêts britanniques qui, depuis cette époque, n'ont cessé d'intervenir dans les affaires de la Russie.

Qui pourrait contester, en effet, que la mort de l'empereur Alexandre, à laquelle toutes les opinions politiques s'accordent à donner le poison pour cause, se réservant seulement de rejeter ce crime sur l'opinion opposée, a eu lieu au moment précis où il était presque de notoriété publique que ce prince, après avoir sacrifié longtemps la gloire et les intérêts de son pays au désir de conserver la paix européenne, s'était enfin décidé à venir au secours de ses infortunés co-religionnaires, si long-temps abandonnés par lui, et à demander à la Porte le redressement des griefs accumulés contre elle, depuis tant d'années, par a Russie. Le fait de l'empoisonnement de ce prince, dont les intentions furent toujours si pures, mais dont les dernières erreurs ont été si funestes, est donc universellement reconnu. Voici ce que nous lisons dans des *Mémoires sur Alexandre*[*] récemment publiés, et qui, par le nom et l'ancienne position de leur auteur à la cour de Russie, ne manqueraient pas d'authenticité, si les préjugés, la passion et l'esprit de parti qui pervertissent les meilleurs naturels, n'influaient pas trop évidemment sur le jugement, plus qu'imprudent, porté par cet écrivain sur les causes de la mort de l'empereur Alexandre. « Atteint d'une profonde mélancolie, parlant souvent de se retirer à Taganrog dont la position lui avait plu, il se refusait au traitement de son médecin anglais Wyllie, se plaignant seulement de maux de nerfs affreux. Hélas, il était frappé au cœur, il mourait pour ne pas punir des sujets rebelles et ingrats, dont il connaissait les horribles desseins. Tandis qu'autour de lui tout reposait sur la foi d'une tranquillité factice, ignorant les dangers qui menaçaient la Russie et son souverain, lui, cet ange, succombant sous le poids de cet affreux mystère, au fort de sa maladie et dans l'excès de sa douleur, laissa seulement échapper ces mots : Ah ! les monstres, les ingrats, je ne voulais que leur

---

[*] Mémoires de la comtesse de Choiseul-Gouffier, née comtesse de Filsenhaus, ancienne demoiselle d'honneur à la cour de leurs Majestés Impériales de Russie. Bruxelles, Aug. WAHLEN et TARLIER.

bonheur ! » Ces mots furent un trait de lumière.
On chercha dans les papiers du prince, on y dé-
couvrit le complot infâme.... il était trop tard, le
coup avait été porté et la perfidie des conspirateurs,
leur ingratitude forcenée, les servirent mieux peut-
être que n'eût fait leur poignard parricide !... » A
des soupçons si horribles mais si clairement, si positivement articulés par une personne qui, d'abord,
n'était pas sur les lieux, et qui, bien qu'elle fût
en position d'être bien instruite, ne pouvait l'être
que par une classe de gens intéressés à dissimuler
la vérité et à rejeter sur une opinion ennemie un
crime qui, s'il eût été prouvé que cette opinion en
fût coupable, eût été certainement mis sans ménagement au plus grand jour, nous allons maintenant opposer une déclaration plus nette, plus pré-
cise, et, dans tous les cas, plus authentique : celle
de M. Frédéric Fayot, qui a séjourné long-temps
en Russie et en Perse. Ce savant, qui jouit à ce
titre et comme homme d'honneur d'une réputation
incontestée, faisait partie des universités impériales
russes, et ce n'est que par suite des évènemens
politiques qui ont agité un instant l'intérieur de
la Russie, qu'il s'est vu contraint de rentrer en
France. Il revenait des eaux du Caucase, de Geor-
giesk, où il avait séjourné six mois pour soigner
sa santé, et s'était arrêté à Taganrog, où Alexan-

dre était arrivé vers la fin d'août 1825. Il était
bien connu que des projets se concertaient alors,
entre plusieurs des officiers de son armée, les plus
jeunes, les plus éclairés, les plus énergiques, non
pas, ainsi qu'on s'est plu à le dire, contre la vie
de ce bon prince, non pas contre sa famille, mais
seulement contre les privilèges les plus insultans à
l'espèce humaine qu'une faction puissante voulait
maintenir. On peut dire que, sous ce point vue,
Alexandre, ami de toute institution qui pouvait
tendre à donner à ses peuples une plus large
somme de bonheur, appartenait lui-même à la
conspiration. Toutefois, voyant de plus haut, plus
en position d'apprécier, ainsi que nous l'avons déjà
dit, quelle mesure de liberté convenait à des populations encore barbares ou qui cessaient à peine
de l'être ; dans quelle proportion et avec quels
ménagemens cette mesure devait leur être dispen-
sée, Alexandre avait d'autres devoirs à remplir, et
devait naturellement s'opposer à des projets dont
l'exécution imprudente et intempestive devait
compromettre le sort de la Russie, y bouleverser
l'ordre social, et amener par des moyens sanglans
une de ces révolutions politiques dont les conséquences et le terme ne peuvent plus être cal-
culés. Alexandre, plus porté qu'aucun prince de
l'Europe à effectuer de sages améliorations dans

son empire, était cependant convaincu, avec tous les amis éclairés des libertés publiques, qu'il ne fallait procéder que légalement et graduellement aux réformes. Bien instruit que l'instant approchait où d'imprudentes trames allaient être dévoilées, ce bon prince s'était éloigné de la capitale, afin de ne pas être poussé, sollicité, par les ressentimens de la vieille noblesse, à des rigueurs qui n'étaient ni dans son cœur ni dans sa pensée, et conjurer plus sûrement l'orage, à une distance éloignée et qui le mettait à l'abri de toutes les influences. Revenons maintenant au récit de la mort d'Alexandre, tracé par M. Frédéric Fayot, que ce prince, pendant son séjour à Taganrog, honora d'une bienveillance particulière.

« L'Empereur, dit-il, commençait à parcourir la côte méridionale de Crimée, mais une indisposition qui eut sa cause dans un froid trop vif, lui donna tout à coup la fièvre et l'obligea de s'arrêter à la campagne, dans un château du comte Woronzoff. L'Écossais Wyllie, médecin particulier d'Alexandre, lui fit prendre une potion; mais le prince, se trouvant plus mal, donna l'ordre de le ramener immédiatement à Taganrog.

» Je le rencontrai à son retour. Il était en voiture et enveloppé dans un manteau gris. Sa figure me parut souffrante et abattue.

» Avec le retour inattendu de l'Empereur, on apprit son indisposition.

» On cacha d'abord sa gravité, mais il paraît constant qu'elle fut grande dès le premier moment. L'Empereur conçut aussitôt, dit-on, les plus effroyables soupçons. Il refusa positivement les médicamens qui lui furent offerts, malgré les prières de l'Impératrice. Il éloigna de lui les secours de la médecine. Une seule fois on obtint qu'il se laisserait appliquer quelques sangsues. Le mal prit rapidement des caractères intenses et mortels. Alors Wyllie écrivit le bulletin de la maladie. On le fit passer immédiatement à Saint-Pétersbourg, et cela eut lieu durant quatre ou cinq jours. Dès-lors, le peuple vint presser les murs de la demeure d'Alexandre.

» L'Empereur continuait de refuser toute espèce de médicamens; il était en proie aux plus vives souffrances. On nous dit un jour qu'il avait chassé Wyllie de sa chambre. Il demandait toujours à ses domestiques de l'eau glacée: « Elle me calme, disait-il, tandis que leurs potions m'ont brûlé. »

» Dans un moment où ses douleurs étaient suspendues, il écrivit et cacheta une lettre; la bougie était restée allumée. « Mon ami, dit-il à un domestique, éteins-la, on pourrait croire au dehors que quelqu'un de nous est mort. »

» Wyllie refusa toujours de conférer avec les médecins ordinaires de l'Impératrice. Strofrenne est le seul qui ait été admis, mais une seule fois et après mille instances de la part d'Élisabeth. La maladie d'Alexandre dura à peu près 11 jours. Un jeune médecin français, très-distingué, demeurait alors à Taganrog : il demanda à être présent à la consultation et fut refusé. Je le rencontrai la veille du jour où mourut l'empereur ; il m'instruisit mystérieusement de tout ce qui allait arriver : « L'Empereur est perdu ! » me dit-il. En effet, il expira le lendemain à dix heures et quelques minutes du matin * ; plusieurs personnes pensaient que l'évènement était arrivé la veille.

» Je vis le corps peu d'heures après l'indication officielle de la mort : la figure était très-visiblement changée. Quand, trois jours après, il fallut le montrer au peuple pour le baisement des mains, on lui couvrit le visage avec un voile. La figure était devenue noire. Le corps fut exposé trois jours, puis il fut placé dans un cercueil et porté processionnellement à l'église ; il y resta quarante jours, après lesquels on le fit partir pour Saint-Pétersbourg. Un domestique que l'empereur avait chéri, et qui le servait depuis bien des années, conduisit

* Le 13 décembre 1825, 5 décembre selon le calendrier russe.

le char funèbre qui rapportait dans la capitale ses restes mortels.

» A l'ouverture du cadavre, on avait remarqué qu'un épanchement d'eau avait eu lieu dans le cerveau. Deux jours après l'autopsie, qui avait été immédiate, le corps prit une teinte livide, circonstance rare et qui resterait à expliquer dans une saison et dans un pays si froids. Des ordres arrivés de la cour prescrivirent, au départ, de laisser le cercueil fermé jusqu'à Saint-Pétersbourg. Ils furent remplis.

» Wyllie afficha une grande douleur à la mort d'Alexandre: il s'enferma dans ses appartemens, comme un homme dont l'affliction aurait égaré la raison. On le crut fou pendant un moment. Les gens à vue limitée le croyaient perdu à la cour ; mais quand les premières nouvelles de Saint-Pétersbourg arrivèrent, Wyllie partit pour présenter ses hommages au nouveau Souverain. Tout ce qu'il avait acquis par tant d'années de calculs et de succès lui était conservé ; il se saisissait d'une dignité nouvelle, celle de premier médecin de l'Empereur Nicolas.......... »

L'insertion de ce double récit dans un article consacré à l'Empereur Nicolas, frère et successeur d'Alexandre, ne nous a point paru déplacée. Nous n'avons eu d'autre but en publiant deux versions

qui paraissent opposées en quelques points, mais
qui sont d'accord sur le fait principal, celui de
l'empoisonnement, que mettre nos lecteurs à portée d'éclairer et de fixer eux-mêmes leur opinion
sur le degré de confiance qu'ils devaient à chacune d'elles. Nous avons porté l'impartialité plus
loin ; nous nous sommes abstenus d'expliquer notre propre pensée, laquelle, il est vrai, se rappro-
che beaucoup plus de l'opinion de M. Frédéric
Fayot que de celle de madame de Choiseul, suspecte à plus d'un titre dans une question semblable, par ses principes politiques, ses haines et
même ses affections. Il est vrai qu'elle peut invoquer en faveur de son opinion celle de l'empereur
Nicolas lui-même * dont le docteur Wyllie est aujourd'hui le premier médecin ** ; mais serait-ce donc
la première fois que, même dans leurs intérêts les
plus imminens et les plus graves, les princes auraient
été les victimes de l'intrigue et de l'erreur? Au reste
veut-on connaître la nature des sentimens que,
depuis douze ans, le gouvernement britannique
ne cesse de manifester à l'égard de la Russie, et le

---

* Si ce prince a trop de confiance, il a aussi de la mémoire ; et
d'ailleurs il est peu probable qu'on ne lui rappelle pas quelquefois
à quelle combinaison de politique extérieure et d'intrigues de palais,
son malheureux père dut son horrible fin.

** Il a cessé de l'être, au moment où nous écrivons cette note.

genre de griefs qu'il lui impute , qu'on lise l'extrait suivant d'une lettre que le Courrier anglais se faisait écrire de Francfort par son correspondant, et que rapportait le *Times* du samedi 26 juillet 1817. Cette lettre qui, insérée dans la feuille ministérielle britannique est, comme il est aisé de le voir, l'expression de la pensée du cabinet , explique, mieux que ne pourraient le faire une longue suite de réflexions, quelles sont et quelles seront longtemps encore la situation respective des deux pays , les sentimens qu'ils se portent , et les conséquences forcées de cette situation et de ces sentimens.

Extrait du Courrier.

« Il est essentiel que l'Europe connaisse le danger dont elle est menacée. Ce danger ne vient et ne viendra point de l'Angleterre, de la France ou de l'Autriche; il viendra du nord , de la Russie. La Russie est la puissance qui prétend s'emparer de la haute et dictatoriale attitude qu'avait prise la France , sous la tyrannie de Bonaparte. C'est dans ce dessein qu'elle a fait tout ce qu'il était en son pouvoir de faire pour empêcher qu'une alliance intime ne s'établît entre l'Angleterre et le royaume des Pays-Bas, par un mariage formé entre les deux familles, et pour unir la maison d'Orange avec la

14

famille impériale de Russie. C'est dans ce dessein qu'elle a fait conclure le mariage du Roi de Wurtemberg avec la Duchesse d'Oldenboûrg (Catherine). C'est dans ce dessein qu'elle se lie encore par des nœuds de famille avec la maison de Brandebourg (Charlotte de Prusse). C'est dans ce dessein qu'elle voit sans beaucoup de peine les libelles étrangers dirigés contre l'Angleterre, parce qu'ils peuvent tendre à affaiblir l'estime et le respect envers cette grande nation, ou ces constantes attaques contre le gouvernement français, dont l'effet est de tenir les esprits en alarme et en crainte dans l'intérieur de ce pays. Elle espère aliéner l'une de l'autre et désunir l'Angleterre et la France, en encourageant les jalousies et la malveillance naturelles entre ces puissances. »

Quoi qu'il en soit, le moment est arrivé, pour l'Empereur Nicolas, de faire connaître au monde s'il est celui des princes de sa race auquel était réservé l'honneur d'accomplir les immortels projets conçus par Pierre le Grand et Catherine II. Si son esprit n'a été séduit que par une velléité de vaine gloire, ou si son ame s'est élevée à la pensée d'un immense avenir. S'il est l'héritier de tout un système ou l'instrument docile de quelques circonstances. En un mot, si son nom doit être inscrit dans les fastes de l'histoire, à côté de celui de ses deux plus illustres aïeux, ou n'être compté que parmi ceux des rois de l'Europe, vassaux de la Grande-Bretagne. Dans une position semblable à la sienne, Napoléon se fût proclamé le maître du monde, qui sans doute n'en eût pas été plus heureux sous la domination toute guerrière du conquérant français; dans celle où l'ont placé les victoires de ses armées, combattant et triomphant pour la cause de l'humanité, l'Empereur de Russie, s'il en a la sublime et bienfaisante ambition, peut être à la fois le sauveur de l'Europe, le fondateur de la liberté politique et religieuse dans l'Orient, et le restaurateur de la civilisation dans les nobles contrées où cette civilisation prit naissance. Quelques années encore, et les grandes ombres de Pierre et de Catherine, planant de Pétersbourg à Constantinople, jugeront si l'ame et le génie de leur petit-fils ne sont pas au dessous du rôle immense que la fortune a destiné à ce prince et dont l'Angleterre, l'œil fixé sur l'Inde dont les populations enchaînées n'attendent qu'un libérateur, s'efforce de le détourner *. Au reste, pourquoi ménager par

---

* Quelqu'un ignore-t-il donc encore en Europe, que c'est au nom d'une modération prétendue, mise en avant par les cabinets de Vienne et de Londres et dont eux seuls recueilleraient tous les avantages (car le cabinet des Tuileries, qui se traîne à leur suite, est tout-à-fait en dehors, quant aux intérêts, de la politique des Wel-

de timides paroles, les prétentions orgueilleuses et excessives de la politique marchande de la Grande-Bretagne, en Orient, quand il s'agit, en effet, d'opérer dans ces contrées, une de ces révolutions qui changent la face des empires, y apportent de nouveaux élémens d'existence, et remplacent des populations vieillies et dégénérées, par des populations nouvelles pleines de sève et de vie. Pourquoi en un mot, un conquérant, un prince ami de l'humanité, n'accomplirait-il pas, au 19me siècle et dans l'intérêt de la civilisation, ce qu'un marchand de chameaux obscur et audacieux accomplit au 7me, dans les mêmes contrées, au profit de la barbarie et du fanatisme? Abstraction faite des considérations nées des nouveaux besoins et des nouvelles relations sociales, toute la question d'Orient ne se réduit-elle donc pas à ces termes? Ne se rappelle-t-on pas d'ailleurs que les premières paroles de l'empereur Nicolas en montant sur le trône furent celles-ci « que la question grecque soit résolue par

lington et des Metternich), que ces cabinets espèrent en se trompant sur l'opinion de l'Europe, les intérêts de sa propre gloire et ceux de son pays, amener l'empereur de Russie à se dépouiller du droit qu'il tient de la conquête, en établissant sur un pied égal, dans la Turquie gouvernée par la législation des peuples civilisés, les relations commerciales de tous les peuples dont les négocians de Londres prétendent conserver le monopole?

trois puissances, par deux ou par *une*, elle le sera. »
Or, avec le génie barbare et destructeur qui inspire
Mahmoud, le sort de la question grecque n'est-il
pas tout entier dans l'issue de la guerre d'Orient?
Toutefois, il n'est au pouvoir d'aucune prévision
humaine d'assigner l'époque de cette grande révolution, et, quant à nous, il nous suffit de voir que
deux causes, également imminentes la rendent inévitable; l'une, est l'état présent de l'empire ottoman, ébranlé dans ses fondemens et tombant de
toutes parts en ruines; l'autre, celui de l'empire
russe, qui, après avoir reconnu toutes ses forces,
sent le besoin de les précipiter sur l'Orient, et
dont toute la modération de l'Empereur Nicolas
peut bien suspendre, mais non pas arrêter le mouvement.

Cette guerre est terminée, nominalement du
moins, depuis que cet article a été envoyé à l'impression, et comme, au temps où nous vivons, les
évènemens marchent avec une rapidité dont nous
ne saurions trouver d'exemple à aucune époque,
le sort de l'Orient, c'est-à-dire une révolution
européenne et asiatique tout entière, a été décidé en quelques semaines, non pas sans doute
d'une manière définitive, mais en ce sens que
quelques semaines ont mis au pouvoir de la Russie
le trône des sultans et la faculté d'organiser cet

empire ou partie de cet empire, à son gré et d'après ses intérêts, sans qu'aucune puissance européenne puisse y apporter d'obstacle. Nous ignorons si l'empereur Nicolas usera de ce droit dans toute son étendue ou s'il jugera à propos de le modifier suivant les exigences de l'Angleterre, mais ce qui nous paraît évident, c'est que les temps sont bien changés depuis le règne de Catherine, et que des projets qui eussent été facilement exécutés à cette époque, où quelques souverains ne considéraient pas encore la liberté de leurs sujets comme leur plus mortelle ennemie, et n'avaient sur pied qu'un état militaire modéré, rencontreraient aujourd'hui de grands obstacles dans l'alliance formée entre les souverains, dans un autre but, mais dont le résultat a été de resserrer leurs intérêts, d'augmenter leurs forces, de les rendre plus compactes et plus mobiles ; en un mot, de faire des états méridionaux de l'Europe, un état unique dont la puissance militaire, destinée à combattre, sous le nom de libéralisme, la chimère dont les menace sans cesse l'oligarchie ambitieuse qui n'aspire qu'à régner sous le nom des rois, puisse, au besoin, repousser les attaques du grand empire du Nord dont l'immense prépondérance qui s'augmente sans cesse, les épouvante presque autant que les principes de la liberté constitutionelle. Une ambition plus haute,

plus amie de l'humanité et de la civilisation, plus
avide d'une immortelle gloire eût peut-être tenté
de planter le signe des chrétiens sur le dôme de
Ste Sophie; mais sans rien préjuger sur les desseins
ultérieurs de l'empereur Nicolas, et surtout sans
accuser ce prince d'une faiblesse que toute sa conduite dément, on peut croire que, mieux éclairé
sur sa situation que ceux qui ne veulent jamais voir
que le côté favorable d'une grande pensée, il a
fait tout ce que les circonstances lui permettaient
de faire en établissant des jalons sur une route jusqu'ici inconnue et qui désormais est tracée. Toutefois, que la généreuse politique de ce prince
ne s'alarme pas trop des impuissantes clameurs
de la faction anglaise dont le ministère français
est devenu l'écho obligé. Cette faction, si méprisable par le nombre et si nulle par les talens, a
pris, de l'élévation momentanée de ses protecteurs,
une assurance, qui heureusement ne durera pas
plus que son pouvoir. Les cris menaçans qu'elle
fait entendre ne sont que des cris de détresse; et
si cette faction, assemblage monstrueux d'absolutisme, de jésuitisme, d'assassinats * et de trahisons **
conserve encore quelques espérances, elle les

---

* Machine infernale.

** Waterloo.

fonde sur le maintien au pouvoir de la pierre angulaire de l'édifice ministériel français, de ce prince de Polignac, esprit sec, borné, élevé dans la haine de la France, héréditaire chez sa famille, et dont le nom, les antécédens et la personne sont également odieux à la patrie qu'il a long-temps abjurée et qui le repousse maintenant. La voix de la nation française ne désigne plus cet homme ennemi déclaré des intérêts, de l'honneur et des libertés de la France, que sous la qualité d'aide-de-camp diplomatique du *maréchal* duc de Wellington, car il est bon d'apprendre à ceux qui pourraient l'ignorer encore, que le duc de Wellington est MARÉCHAL DE FRANCE, ce qui, il est vrai, ne saurait plus étonner, lorsque, dans le même pays, l'homme de la trahison est ministre de la guerre.

Tels sont, à l'occident de l'Europe, les ennemis du vaste et bienfaisant système par lequel Catherine voulait régénérer et civiliser l'Orient, système qui, en établissant sur les débris de l'islamisme un empire chrétien gouverné par un prince indépendant, ferait sans doute tomber des mains de l'Angleterre le sceptre du monopole commercial dans la mer Noire, la Méditerranée et peut-être plus tard dans l'Inde, mais qui n'avait rien d'effrayant pour les états européens, exclus par elle de toute participation à ce monopole. Quelques

esprits crédules sont aujourd'hui les seuls qui
croient à la chimère d'un prétendu système
de domination universelle conçu par la Russie ;
mais l'Europe tout entière ne serait-elle donc
pas là pour y mettre obstacle ? Ne cherchons
plus maintenant ailleurs que dans l'ambition sans
mesure de l'Angleterre , l'immense agrandissement maritime et colonial de cet empire , et le
honteux asservissement de la France aux volontés
britanniques , la destruction de cet équilibre européen fondé par le traité de Vestphalie violemment
ébranlé par les partages de la Pologne , et qui ne
peut plus être rétabli que sur des bases nouvelles.
Et qu'importerait en effet à l'Europe, sous le rapport de l'intérêt politique, que l'empire grec rem-
plaçât dans l'Orient celui de Mahomet ? Les relations
commerciales dont les progrès sont si essentiellement liés à ceux de la civilisation, loin d'y perdre
quelque chose par l'introduction d'une politique
libérale, n'auraient-elles pas tout à y gagner ? Il est
vrai que, par là, le monopole britannique de l'Inde
serait menacé de concurrence, et l'on sait que pour
lui concurrence est synonyme de destruction ; mais
serait-ce donc là un motif suffisant pour la Russie ,
d'abandonner le grand œuvre européen , si noblement commencé par elle, dans des intérêts qui,
certes, (et la paix qu'elle vient de conclure le prouve

assez) ne lui apportent aucun avantage dont les autres états européens ne puissent profiter comme elle. Bien entendu qu'il ne peut être ici question des indemnités en argent et en territoire pour frais de la guerre, qui sont une affaire à part entre le vainqueur et le vaincu. Serait-ce là, pour les cabinets de l'Europe, un motif suffisant de défiances contre la Russie, lorsque, d'une autre part, ces cabinets consentiraient à céder, sur tous les points, aux exigences tyranniques de la Grande-Bretagne dont le principe, très-naturel en elle, de se considérer en première ligne dans toute guerre européenne, ne saurait cependant être approuvé et partagé par la politique des états du continent? Si M. de Metternich lui-même juge bien la position de l'Autriche, il reconnaîtra combien il serait avantageux aux intérêts de son commerce dans la Méditerranée, de seconder les vues ultérieures que doit nécessairement et par la nature seule des choses, indépendante, même de la volonté des souverains de la Russie, développer cette puissance dans l'Orient, où elle ne peut avoir d'autre but que d'étendre, de multiplier ses relations, et d'appeler les autres nations à partager ces avantages avec elle. Résumons en peu de mots ces dernières considérations : Le véritable système politique et commercial européen est aujourd'hui celui qui tend à substituer, dans l'Orient, la civilisation à la barbarie, et la Russie est de toutes les puissances continentales, celle à qui cette haute mission est éminemment dévolue. Que l'Angleterre soit un peu plus ou un peu moins froissée par les combinaisons que l'exécution de ce système rendra nécessaires ; qu'elle en conçoive même des alarmes pour l'avenir de ses établissemens de l'Inde, c'est ce qui ne doit occuper que d'une manière tout-à-fait incidente et secondaire les puissances continentales, entièrement étrangères à cet intérêt exclusivement britannique. L'essentiel pour ces puissances est de s'unir sur ces deux points : seconder la Russie dans son plan éminemment européen de fonder la civilisation chrétienne dans l'Orient si, comme nous aimons à le penser pour la gloire de son souverain, ce plan a été en effet conçu par lui, quelle que soit d'ailleurs l'époque que les circonstances politiques permettaient d'assigner au complément de son exécution ; et détruire tout monopole commercial dans la mer Noire et la Méditerranée. Ces deux questions résolues d'une manière affirmative par les cabinets du continent, leurs conséquences obligées admises, et l'Angleterre se trouvant ainsi replacée au rang de puissance insulaire dont l'Europe n'aurait jamais dû lui permettre de sortir, on peut affirmer que la paix continentale ne serait troublée de long-temps.

Le 29 octobre (10 novembre) 1829, l'Empereur fut saisi d'un frisson qui, dans la nuit suivante, fut suivi d'une fièvre assez forte, et les symptômes d'une fièvre catarrhale, et sans inflammation, ne tardèrent pas à se déclarer. C'est une disposition assez générale des esprits de ne croire que difficilement que les souverains de la Russie soient attaqués de maladies ordinaires, et il faut avouer que les antécédens, même les plus récens, de cet empire et l'atroce politique de tel autre cabinet qui, lorsqu'il s'agit de se délivrer de ses ennemis, ne s'est jamais montré scrupuleux sur le choix des moyens, ne sont que trop de nature à autoriser de semblables craintes. Quoi qu'il en soit, dans cette dernière circonstance, rien n'a justifié les pressentimens et les conjectures que les premiers jours de la maladie n'avaient pas manqué de faire naître ; mais les craintes et les alarmes auxquelles les premiers symptômes avaient donné lieu, et qui se sont promptement répandues d'une extrémité de l'Europe à l'autre, sont, pour l'empereur Nicolas, un glorieux et touchant témoignage, rendu par elle au caractère et aux intentions généreuses du prince qui, uni de sentimens et par tous les liens de la famille au sage monarque de la Prusse, marche maintenant à la tête de la civilisation, que le ministère britannique et ses alliés de

France et d'Autriche s'efforcent de faire rétrograder. Plusieurs bulletins, en date des 4 (16), 5 (17), 6 (18), 9 (21), 23, 24, 25 et 28 novembre, ont fait connaître les commencemens, la marche et la fin de la maladie ; et l'Europe attentive à tout ce qui tient à la conservation des jours de l'Empereur Nicolas, devenus si précieux par la noble cause à laquelle il les a consacrés, a généralement remarqué avec la plus vive satisfaction que le nom du médecin anglais Willye n'avait plus figuré à la suite des bulletins.

Par l'article qu'on vient de lire et qui était composé deux mois avant la dernière maladie de l'Empereur Nicolas, on peut juger si nous nous applaudissons personnellement de n'avoir plus retrouvé ce nom, si justement suspect, parmi ceux des médecins de ce prince. Nous n'avions aucun droit de porter une accusation positive, aussi nous en sommes-nous abstenus; mais lorsque les opinions politiques les plus divergentes étaient d'accord sur le fait de l'empoisonnement de l'empereur Alexandre, nous avons dû témoigner, pour les jours de son successeur, une sollicitude que toute l'Europe partage avec nous.

ALEXANDRE NIKOLAEWITZ.

Ce jeune prince ressemble beaucoup à feu l'empereur Alexandre ; il est passionné pour les exercices militaires. Il a pour instituteur principal M. Joukowsky, qui met toute son ambition à faire de son élève *un Russe* dans toute la force de ce mot. S'il réussit, comme tout l'annonce, à faire de ce jeune homme un véritable Moscovite, on peut prédire que la prophétie faite par Napoléon sur le rocher de Sainte-Hélène ne tardera pas à se vérifier : « Qu'il règne en Russie un Czar à barbe, » et toute l'Europe est à lui. »

Alexandre Nicolaewitz (fils de Nicolas), prince impérial de Russie, héritier présomptif de l'empire, est né le 29 avril 1818.

MINISTÈRE RUSSE.

Président du conseil de l'empire, le comte Victor Kotschoubey.

Ministre des affaires étrangères, le comte de Nesselrode.

Ministre de la justice, le prince Lobanow-Rostowsky.

Ministre des finances , le général d'infanterie
Kamkrin.

Ministre de la guerre, le comte Tchernitzheff.

Ministre de l'instruction publique et des cultes étrangers, M. de Bloudoff.

Ministre de la marine, l'amiral Moller.

Conseiller privé actuel dirigeant le ministère de l'intérieur, M. de Zakrefsky.

Conseiller privé, contrôleur-général de l'empire, M. de Khitroff.

AMBASSADEURS,

MINISTRES ET CHARGÉS D'AFFAIRES

DES PAYS-BAS

PRÈS LES DIFFÉRENTES COURS DE L'EUROPE.

ANGLETERRE.	Le prince de Lieven, ambassadeur.
AUTRICHE.	M. de Tatitskheff, ambassadeur.
BADE.	. . . .
BAVIÈRE.	Le prince Potemkin, env. ext. et min. plén.
DANEMARCK.	Le baron de Nicolai, env. ext. et min. plén.
ESPAGNE.	M. d'Oubril, envoyé extraordinaire.
ÉTATS ROMAINS.	. . . .
FRANCE.	Le comte Pozzo di Borgo, ambassadeur ext.
NAPLES.	Le comte de Stackelberg, env. ext. et min. pl.

PARME.   Le comte de Woronzow, env. ext. et min. plén.
                  (voyez Turin.)
PAYS-BAS.   Le comte de Goubieff, env. extr. et min. plén.
PORTUGAL.   . . . .
PRUSSE.   Le comte Alopeus, env. extr. et min. plén.
SARDAIGNE.   Le comte de Woronzoff-Daschkoff, env. extraor.
                  et min. plén.
SAXE.   M. de Schrœter, env. et min. plénip.
SUEDE.   Le comte de Suchtelen, envoyé extraordinaire.
TOSCANE.   Le comte de Borch, chargé d'affaires.
TURQUIE.   . . . .
WURTEMBERG.   M. Obreskoff, envoyé extraord.

BADE.

BADE.

LOUIS (Guillaume-Frédéric), grand-duc

Ce pays n'est constitutionnel que de nom ; comme nous l'avons dit il y a un an, tout le gouvernement y est personnifié dans le premier et presque unique ministre le baron de Berstett.

CHARLES-LÉOPOLD-FRÉDÉRIC.

Prince grand-ducal, fils du grand-duc Charles-Frédéric, général de l'infanterie du grand-duché de Bade et propriétaire du régiment de Nevenstein, héritier du grand-duché, né le 29 août 1790, a été marié le 25 juillet 1819 à Sophie Wilhelmine, fille de Gustave-Adolphe IV, ex-roi de Suède, née le 21 mai 1801.

MINISTÈRE BADOIS.

Département de la maison et des affaires étrangères, le baron DE BERSTETT.

Département suprême de justice......(Vacat.)

Département de l'intérieur, le baron DE BERKHEIM.

Ministre d'état, *section d'église évangélique*, le conseiller d'état WINTER, directeur.

Section d'église catholique, le conseiller privé ENGESSER, directeur.

Département des finances, M. DE BOECKH.

Département de la guerre, le lieutenant-général DE SCHAEFFER, directeur.

AMBASSADEURS,

MINISTRES ET CHARGÉS D'AFFAIRES

DE BADE

PRÈS LES DIFFÉRENTES COURS DE L'EUROPE.

ANGLETERRE.	Le baron DE LANGSDORFF, ministre résident.
AUTRICHE.	Le baron DE TETTENBORN, env. ext. et min. plén.
BAVIÈRE.	Le baron DE FAHNENBERG à Burckhein, env. ext.

DANEMARCK.	. . . .
ESPAGNE.	. . . .
ÉTATS ROMAINS.	. . . .
FRANCE.	Le bailli DE FERRETTE, env. extr. et min. plén.
NAPLES.	. . . .
PAYS-BAS.	M. DE ROENTGEN, ministre résident.
PORTUGAL.	. . . .
PRUSSE.	M. DE FRANCKENBERG, chargé d'affaires.
RUSSIE.	. . . .
SARDAIGNE.	. . . .
SAXE.	. . . .
SUÈDE.	. . . .
TOSCANE.	. . . .
TURQUIE.	. . . .
WURTEMBERG.	Le conseiller privé FRIEDRICH, ministre résident.

NAPLES.

NAPLES.

FRANÇOIS Ier, ROI.

Si l'Europe ne voit pas avec plus de douleur et
d'indignation le système de réaction et de vengeances qui, fondé à Naples en 1815 par l'Autriche victorieuse du principe constitutionnel, s'y poursuit
maintenant, par la volonté de François Ier, il faut
attribuer cette apparente insouciance, bien moins à
l'affaiblissement de son intérêt pour les généreuses
victimes d'une cause parjurée par ceux qui l'avaient
adoptée et avaient fait serment de la défendre, que
par l'ignorance où l'on est généralement de ce qui
s'est passé dans ce pays à l'époque où y éclata la
révolution de 1820 et de la conduite que tint alors
le duc de Calabre aujourd'hui Roi. C'est pour fixer
les idées de nos lecteurs sur la conduite de ce prince,
que nous croyons devoir remettre sous leurs yeux
quelques uns des antécédens qui lui sont personnels
et qui paraissent être entièrement oubliés ou ignorés, d'une partie de la génération contemporaine.
Comme, les conséquences de cette ignorance ou

de cet oubli ont entraîné et entraînent, tous les jours encore, d'odieuses persécutions, contre lesquelles la participation royale et d'augustes engagemens semblaient offrir les plus hautes comme les plus légitimes garanties, rien, ce nous semble, ne doit arrêter l'écrivain politique dans la recherche de la vérité et l'accomplissement d'un devoir, pénible sans doute, mais éminemment utile, en ce que l'histoire, à laquelle nous préparons ces matériaux, étant le seul organe officiel de l'opinion publique, juge suprême des actions des rois, et qui ne reconnaît pas leur inviolabilité, c'est elle qu'interrogeront nos neveux sur les évènemens dont nous avons été les témoins et qu'ils ne peuvent apprendre que de nous.

Si c'est un crime pour un gouvernement de punir les hommes qui ne sont coupables que de ne pas partager ses principes et de ne pas approuver ses actes, lorsque cette désapprobation ne va pas jusqu'à la révolte ouverte, que penser et que dire du prince qui, poussé par une influence étrangère, poursuit, combat, livre aux échafauds ceux dont il encourageait naguère le zèle, excitait le patriotisme, et qu'il entraînait peut-être, par son exemple, au delà des bornes qu'ils s'étaient proposées eux-mêmes? ceux, en un mot, dont, s'il n'était pas prince et s'ils étaient coupables, nous dirions qu'il a fait

ses complices. Cette conduite fut, dans les années 1820 et 21, celle de François duc de Calabre.
Ses mal habiles, ses prétendus défenseurs ont cru
le défendre en expliquant toutes ses démarches
par la peur; mais ont-ils bien réfléchi que c'était
justifier une conduite peu honorable par un motif
moins honorable encore? Deux partis se présen-
taient au duc de Calabre régent des Deux-Siciles:
résister ouvertement et au péril de sa vie à ce
que, dans le langage des cours, on a appelé *ré-
bellion armée*, ou se mettre franchement à la tête
de la plus modérée de toutes les révolutions, dût-
il déplaire à l'Autriche dont on connaît l'antipathie pour les Constitutions. Dans le premier cas,
si François perdait ses droits à la confiance, à l'affection, à la reconnaissance des Napolitains, il con-
servait du moins ce genre de respect qui s'attache
toujours à un grand caractère: dans le second, il
donnait un grand et généreux exemple du respect
d'un prince pour la manifestation de l'opinion publique. Non, sans doute, que nous regardions la
constitution des Cortès d'Espagne comme exempte
d'imperfections; mais il est évident qu'en se pla-
çant, de bonne foi, à la tête de la révolution toute
pacifique du 2 juillet, le monarque napolitain et
son fils se réservaient plus tard tous les moyens
de faire entendre des voix conciliatrices sur quel-

ques-unes des modifications à apporter à la constitution espagnole, devenue loi fondamentale des
Deux-Siciles.

Notre intention étant de laisser nos lecteurs juger
par eux-mêmes du caractère du monarque napolitain, nous allons nous borner à rapprocher les
documens *officiels*, inédits jusques en 1824, et qui
sont relatifs aux évènemens de 1820 et 21, n'ajoutant
de réflexions à certains d'entr'eux, que celles qui nous
sembleront indispensables pour expliquer quelques
unes des circonstances les moins connues de cette
déplorable époque, où l'on vit un monarque et son
fils recourir aux subterfuges les plus honteux et à
la protection étrangère, toujours si flétrissante et
si oppressive pour le prince qui place en elle sa
confiance et sa force, dans le but misérable, de reconquérir le pouvoir absolu, et de régner par lui
dans l'absence des lois et de l'amour de ses sujets.
De semblables gouvernemens n'appartiennent plus
à notre ère et au génie de nos nouvelles générations; ils excitent au même degré la haine et le
mépris. Une conspiration morale est formée contre eux, d'un bout de l'Europe à l'autre, par tout ce
qu'il y a d'esprits éclairés, généreux, amis de la
monarchie, mais ennemis des préjugés et des abus;
en un mot, ces gouvernemens sont devenus *impossibles* et, qui le croirait cependant? ce sont les seuls,

que comprennent, au 19ᵐᵉ siècle , plusieurs souverains de l'Europe et leurs cabinets.

C'est une opinion généralement établie en Europe, que la ruine de la liberté constitutionnelle, dans les Deux-Siciles, a entraîné les mêmes malheurs en Piémont, en Portugal et en Espagne ; et ce fait doit naturellement inspirer un vif désir de connaître les véritables causes d'une catastrophe dont les conséquences ont été si funestes au midi de l'Europe. Nous insisterions moins sur des évènemens qui sont déjà loin de nous, peut-être même les aurions-nous ensevelis dans un profond silence, si de fatales réactions qui, du midi de l'Europe, s'apprêtent à remonter vers l'occident, n'annonçaient, de la part de quelques cabinets aveuglés sur les vrais intérêts de leurs souverains, la volonté décidée de renverser les institutions constitutionnelles existantes dans quelques états, et d'en arrêter l'introduction dans quelques autres. Le prétexte ordinairement mis en usage pour parvenir à ce but, dont le résultat définitif sera, nous n'hésitons pas à l'affirmer, d'allumer la guerre civile dans quelques états *, est, que les peuples, et particulière-

---

* Ce résultat nous paraît surtout inévitable dans la France, énergiquement prononcée et organisée comme elle l'est maintenant pour le système représentatif, et qui, certes , n'est nullement disposée, après tant de travaux, d'épreuves douloureuses et de malheurs , déjà répa-

ment celui du royaume des Deux-Siciles ne sont pas mûrs pour la liberté constitutionnelle. Mais ont-ils bien réfléchi ces hommes, si prompts à porter des jugemens, que la duplicité, la faiblesse et la trahison de quelques princes, ont déterminé, bien autrement que les fautes, les erreurs et le défaut d'union parmi les peuples, qui, toujours, furent l'ouvrage de ceux qui avaient intérêt à fomenter ces divisions, les crises politiques qui ont été si

rés en partie par la sagesse, les lumières et l'énergique volonté de l'immortel Louis XVIII, à se laisser remettre aux fers par un homme sans résolution, sans génie, sans talens; aussi impudent, aussi imperturbable dans ses prétentions que nul dans ses moyens; diplomate improvisé par la faveur de son maître; issu d'une famille que ses révoltantes dilapidations avaient rendue odieuse à la France, long-temps avant que lui-même eût rendu son nom plus méprisable encore par la flétrissante protection de l'étranger; envoyé, comme un nouvel outrage, à la France pour la gouverner et l'avilir tout à la fois, par le spoliateur de ses musées et l'assassin d'un de ses plus illustres maréchaux, devenu lui-même *Maréchal français.* Un premier acte du mépris des B. pour cette France, que leur a conquise et livrée la coalition d'un million d'étrangers, avait placé le nom détesté de Wellington parmi les glorieux noms des anciens chefs de l'armée française : un second acte de ce mépris, plus profondément senti que le premier, parce qu'il est plus universellement connu, lui donne pour ministre des affaires étrangères et président du conseil l'agent humble et dévoué de ce même Wellington.... le prince de Polignac enfin, qui, soumis et tremblant devant l'étranger, n'insulte et ne menace que les Français...... L'insolence et l'audace allèrent-elles jamais aussi loin sous les Stuarts?....

fatales à la dignité et à la sécurité des trônes. Récapitulons, comme preuves de nos assertions, quelques documens pris dans l'histoire de la révolution de Naples et que nous ferons suivre de pièces justificatives, telles que nous les avons trouvées dans un recueil imprimé à Londres et à Paris en 1822, et dont personne n'a, jusqu'ici, contesté la vérité.

L'armée autrichienne passe le Pô, et le régent n'a pas encore nommé les généraux qui doivent commander les deux corps d'armées qui composent les forces nationales. Il attend que les colonnes autrichiennes arrivent à Ancône, et c'est seulement alors qu'il écrit au général Guillaume Pépé, qu'il gardait à Naples auprès de lui, pour lui donner connaissance de la marche hostile de l'ennemi. Cette lettre (sous le n° 15 de ce recueil), tardive et hors de propos, démontre évidemment que, loin de vouloir s'opposer à l'ennemi, le prince régent ne songeait qu'à mettre à couvert sa responsabilité à l'égard de l'étranger. C'est par la même raison qu'il ne nomme le même général commandant en chef du corps d'armée dans les Abruzzes, que le 16 de février (lettre sous le n° 16), tandis que le 19 *du même* mois les Autrichiens étaient arrivés aux frontières de ces provinces. C'est en date du 20 février (lettre sous le n° 19) que le prince adresse au général de longues instructions, et que, connaissant bien toutefois que celui-ci n'avait pas des forces capables de tenir tête à l'ennemi, il lui mande que « si les Au- » trichiens dirigeaient décidément leurs attaques » contre lui, il le ferait secourir par *des manœu-* *» vres et des troupes.* » L'ennemi, avec une force de 52,000 hommes, marche contre Pépé ; et tandis qu'il ferme les Abruzzes, le régent, au lieu de tenir ses promesses, n'envoie pas un seul bataillon à son secours, et le corps d'armée du général Carascosa, qui était sous les yeux du régent, se retire à sept ou huit jours de marche de celui du général Pépé. Peut-être essaiera-t-on, pour excuser le prince, de sup- poser qu'il ignorait les mouvemens de l'armée au- trichienne ; mais cette excuse, qui aurait quelque chose de spécieux au premier aspect, perd toute sa force en présence de la lettre de l'ambassadeur d'Espagne qui voyait tous les jours le régent, et qui écrit au général Pépé (lettre sous le n°17) « que *l'armée autrichienne marchait tout entière contre* *lui, dans l'intention de détruire le seul soutien de* *l'indépendance napolitaine.* »

Non, et personne ne le croira, le régent, chef du gouvernement, et possédant tous les moyens d'investigation au dedans et au dehors, ne pou- vait ignorer ce que connaissait si bien l'ambas- sadeur d'Espagne, et ce que celui-ci tenait de lui-même ? C'est ainsi que le duc de Calabre, ré-

gent des Deux-Siciles et abusant de la confiance que
le parlement et la nation avaient placée en lui,
abandonna Guillaume Pépé, qu'il appelait *son ami
et le protecteur de la régénération du royaume*, à d'armée autrichienne, composée de l'élite des troupes
de cet empire, cinq fois plus nombreuse que le
petit corps d'armée dont le général Pépé avait le
commandement, et qui n'était formé, dans sa très-
grande partie, que de milices qui jamais n'avaient vu
le feu. Nous ne saurions trop le redire, parce que
le premier devoir de l'historien est d'être juste et
vrai lors même que les Napolitains eussent défendu
la cause de leur liberté avec plus d'enthousiasme
et d'énergie, lorsqu'ils auraient apporté dans cette
défense toutes les ressources que développèrent autrefois, dans des luttes semblables, les peuples de la
Hollande et des États-Unis d'Amérique, ils n'auraient
pu se soustraire à leur destinée, trahis comme ils
l'étaient par celui qui disposait, en sa qualité de
chef du pouvoir exécutif, de toutes les forces et de
toutes les ressources de la nation. Nous ne serions
nullement embarrassés de produire, s'il était nécessaire, de nouveaux documens pour ajouter à la
conviction de nos lecteurs, et de rappeler d'autres
circonstances qui n'ont point encore été rendues
publiques, et qui achèveraient de démontrer que
la cause constitutionnelle, si franchement, si chau-

dement embrassée, en apparence, par François I..,
régent, pendant les neuf mois de la liberté napolitaine, était, dans le fait, sacrifiée et trahie par
ce prince, alors même que, par les constantes démonstrations du libéralisme de plus ardent, il entraînait tous les esprits et tous les cœurs à l'imiter.
Comment comprendre que la même main qui a si-
gné les actes qu'on va lire ait pu se résigner, depuis, à signer les sentences de mort prononcées par
des tribunaux assassins, contre tant d'hommes généreux et de bonne foi, qui crurent, en suivant
l'exemple de l'héritier présomptif du trône, n'agir
que dans les intérêts bien entendus de ce trône et
ceux de la liberté de leur pays, que le monarque
lui-même avait si souvent déclaré ne vouloir jamais
séparer! Tous ces documens réunis feront connaître quel était le langage de François I..., lorsqu'il
gouvernait en qualité de régent, et remplissait l'Europe de ses manifestes constitutionnels.

EXTRAIT DES PIÈCES JUSTIFICATIVES.

N° III. — *Première lettre du Régent au général Pépé.*

Monsieur le général,

La résolution prise par le roi, mon auguste père,

d'accepter la constitution, ainsi qu'il l'a clairement
déclaré par son décret de ce jour, nous réunit tous,
et nous engage à travailler au grand œuvre de la
régénération politique de notre nation. Vous avez
été l'un des premiers à élever le cri *glorieux* de
l'indépendance nationale, ce qui me fait vivement
désirer de mettre à profit vos services et vos avis.

Au moment où j'écrivais ma lettre, je reçois la
vôtre du 7 courant, qui me manifeste vos intentions généreuses et dignes des principes constitutionnels.

La majeure partie des articles que vous m'avez
proposés dans votre Mémoire, a déjà été prévue
par mon auguste père, comme vous aurez eu lieu
de l'apercevoir pour quelques autres. Je désirerais certaines modifications que suggèrent l'intérêt
public et les mêmes principes constitutionnels;
c'est pourquoi je vous envoie deux commissaires
investis de ma confiance, le chevalier Beneventani
et le baron Nanni, avec tout pouvoir pour conclure avec vous cette affaire. Je déclare que j'ap-
prouverai tout ce que vous ferez avec eux sur les
objets que vous avez proposés par votre lettre et
par le mémoire y annexé.

FRANÇOIS, vicaire général.

N° IV.—Seconde lettre du Régent au général PÉPÉ, *pour l'abolition du grade de capitaine-général.*

Naples, le 12 juillet 1820.

Monsieur le général en chef,

La proposition que vous m'avez soumise est une preuve évidente de la modération qui vous anime et du noble désintéressement qui dirige vos actions. Tout en appréciant de si brillantes qualités, je ne laisse pas de vous déclarer que j'adopte vos idées, et que je crois très-utile pour le bien général de supprimer l'emploi de capitaine-général. Dans cette vue, je ne manquerai pas de faire de mon côté ce qui convient pour opérer cette suppression.

FRANÇOIS, *vicaire-général.*

N° V.—Troisième lettre du Régent au général PÉPÉ, *pour suspendre l'exécution de la sentence de mort contre les déserteurs du régiment Farnèse.*

Naples le 20 juillet 1820.

Monsieur le général,

Mon cœur royal étant pénétré de la volonté que

ces beaux jours de la régénération politique du royaume, qui s'est opérée avec tant de calme, ne soient pas attristés par la nombreuse exécution de ces mêmes braves qui d'autres fois ont montré tant de zèle pour le bon ordre, et qu'un moment de relâchement a fait dévier du sentier de l'honneur, je leur accorde leur grâce en commuant la peine de mort en celle du premier degré des fers.

FRANÇOIS, *vicaire-général.*

N° VI. — *Serment du roi, prêté le premier octobre.*

Nous, Ferdinand Ier, par la grâce de Dieu et par la constitution de la monarchie, roi des Deux-Siciles, je jure par Dieu et les saints évangiles de défendre et conserver la religion catholique apostolique et romaine, sans en permettre aucune autre dans le royaume. Je jure que j'observerai et ferai observer la constitution politique et les lois de la monarchie napolitaine, sans aucune autre considération que son avantage; que je n'engagerai, ne céderai, ni démembrerai aucune partie du royaume; que je n'exigerai jamais aucun impôt, en nature ou en argent, ni autre objet, que ceux qui auront été décrétés par le parlement; que je ne

m'emparerai jamais de la propriété de personne ;
que je respecterai par-dessus tout la liberté politique de la nation et celle de chaque individu ; et
que, si je venais à contrevenir à ce serment, ou
à quelqu'une de ses parties, je ne dois pas être
obéi ; mais qu'au contraire ce en quoi j'aurai con-
trevenu soit nul et de nulle valeur. Qu'ainsi Dieu
m'aide et me soit en défense, et, dans le cas contraire, qu'il me punisse.

Nº IX. — *Lettre du Régent au général* PÉPÉ, *pour sa renonciation au commandement.*

Naples, le 30 septembre 1820.

L'assurance que vous me donnez par votre lettre
de ce jour, de vouloir résigner demain le commandement en chef de l'armée, en présence des représentans de la nation, ne fait que me prouver
toujours davantage les sentimens d'honneur et de
désintéressement que j'ai eu lieu de reconnaître en
vous pendant que vous avez conservé le commandement de l'armée, pour le bien de laquelle vous
n'avez épargné ni application, ni soins.

Je suis certain que ces mêmes sentimens généreux vous feront accourir en tout temps à la défense

du trône constitutionnel du roi, mon auguste père, et de l'indépendance de notre patrie. En attendant je ne négligerai pas de faire usage de vos lumières, et de votre zèle patriotique dans toutes les occasions qui se présenteront, jusqu'à ce que je puisse satisfaire au désir que vous m'exprimez d'avoir une destination pour une nation étrangère.

Je vous remercie de l'attachement que vous témoignez au roi mon père, à moi, et à la nation; et je suis,

Votre très-affectionné

FRANÇOIS.

N° XI.— *Lettre du Régent au général* Pépé, *pour le remercier de ce qu'ayant quitté le commandement en chef de l'armée, il avait demandé d'aller rejoindre son frère sous les murs de* Palerme, *en qualité de son aide-de-camp.*

Naples, le 4 octobre 1820,

Monsieur le général,

J'ai lu avec beaucoup de plaisir votre lettre en date d'hier, par laquelle vous me demandez d'aller servir, en qualité d'aide-de-camp, sous les

ordres de votre frère, qui se trouve maintenant
sous les murs de Palerme. C'est là une nouvelle
preuve d'attachement et d'un zèle pour les intérêts du roi mon auguste père, ainsi que pour ceux
de la nation, exempt de toute espèce d'intérêt particulier. J'examinerai si votre demande peut être
acceptée ; mais, en attendant, je ne puis vous taire
mon regret de vous voir éloigner de nous dans un
moment où vos services peuvent nous être utiles.

En vous maintenant les sentimens de ma sincère
reconnaissance, je suis ,

FRANÇOIS, vicaire-général.

N° XIII.— *Message du roi au parlement, en date du
8 décembre 1820.*

Ferdinand Ier, par la grâce de Dieu et par la
constitution de la monarchie, roi du royaume-uni
des Deux-Siciles, roi de Jérusalem, Infant d'Espagne, duc de Parme, Plaisance, Castro, grand
prince héréditaire de Toscane,

A mes fidèles députés.

J'apprends avec beaucoup de douleur que mes
fidèles députés ne voient pas du même œil que

moi la résolution que je leur ai communiquée hier 7 du courant.

Pour éviter toute équivoque, je déclare n'avoir jamais eu la pensée d'enfreindre la constitution que j'ai jurée; mais, par mon décret du 7 juillet, j'avais réservé à la représentation nationale le droit de proposer les modifications qu'elle croirait nécessaires d'apporter à la constitution d'Espagne. J'ai cru et je crois que mon intervention au congrès de Laybach pourra être utile à l'intérêt de la patrie, pour faire agréer, par les puissances, des modifications qui, sans détruire les droits de la nation, éloigneraient tout motif de guerre.

Dans aucun cas, l'on n'acceptera aucune modification sans mon consentement et celui de la nation. Je déclare, en outre, que j'ai entendu et que j'entends me conformer à l'article 172 § 2, de la constitution espagnole.

Je déclare enfin que je n'ai voulu prescrire d'autre suspension, pendant mon absence, que celle des modifications constitutionnelles et nullement celle des actes législatifs.

FERDINAND.

N° XIV. — *Message du roi au parlement, en date
du 10 Décembre 1820.*

A mes fidèles députés.

Votre décision du 8 de ce mois porte, entre
autres, que le parlement n'a pas la faculté d'adhérer à mon départ, à moins que ce ne soit pour
soutenir la constitution d'Espagne, jurée en commun. Je vous déclare de nouveau que mon intervention au congrès de Laybach n'a d'autre but que
celui de soutenir la constitution d'Espagne, que
nous avons jurée comme notre pacte social, et
d'ajouter à votre message du 9 courant que telle
est la décision et la volonté de mes peuples.

Si mon message du 7 a été autrement interprété,
je crois avoir levé toute équivoque par celui du 8.

D'après de telles déclarations, je désire que le
parlement décide en termes positifs s'il consent à
mon intervention au congrès de Laybach, afin d'y
soutenir la volonté générale de la nation pour la

constitution adoptée, et afin d'écarter ainsi les menaces de la guerre.

En cas d'une décision affirmative, je désire que le parlement s'explique sur ma proposition de confirmer à mon fils, duc de Calabre, les pouvoirs de vicaire-général.

Le parlement, se confiant dans ma fidélité, que je justifierai avec la grâce de Dieu, n'a pas cru nécessaire de me faire accompagner par quatre députés. Cependant je désirerais leur assistance pour profiter de leurs lumières. Si, d'après cette explication, le parlement trouve cette mesure utile, je ne pourrai qu'en être satisfait: je n'entends point l'exiger comme condition de ma propre intervention au congrès. Enfin, les souverains alliés attendent de moi une prompte réponse; je désire donc que le parlement prononce sans retard sur les questions que je lui ai soumises.

FERDINAND.

———————

Nº XV. — *Lettre du Régent au Général* PÉPÉ, *par laquelle il lui fait part de l'approche des Autrichiens.*

Naples, le 15 février 1821.

Je viens d'apprendre que quelques étrangers ar-

rivés ce matin ont assuré qu'hier, 14 courant, la
tête de la colonne des Autrichiens, qui descend
les marches, serait arrivée à Rimini. J'ai cru devoir
vous en faire part, pour que vous vous conduisiez
en conséquence; et connaissant votre zèle pour la
défense de la patrie.

Je suis, etc.

FRANÇOIS.

N° XVI. — *Décret qui nomme le Général* PÉPÉ, *commandant en chef du second corps d'armée.*

Naples, le 16 février 1821.

Excellence,

S. A. R. le prince régent, par son décret du
12 courant, vous a nommé commandant en chef
du second corps d'armée : j'en préviens V. E. pour
sa gouverne.

Le ministre de la guerre,

PARIN.

N° XVII. — *Lettre du Chevalier* D'ONIS*, ambassa-*
deur d'Espagne à Naples, au Général PÉPÉ.

Naples, le 27 février 1821.

Mon Général,

J'ai reçu la lettre, en date du 24 courant, que
vous m'avez fait l'honneur de m'adresser. Elle
m'apprend les bonnes dispositions que vous avez
faites pour défendre les Abruzzes.

Je dois toutefois prévenir V. E. que, d'après les
lettres que je reçois de Rome, il est à craindre que
V. E. ne soit attaquée dans les Abruzzes, à sa droite
par toutes les forces autrichiennes ; le général Carascosa ne conservant pas ses positions sur la Sa-
bina, comme je l'ai toujours cru, pour maintenir
une communication immédiate avec V. E, mais sur
San-Germano, ce qui le laisse entièrement détaché et isolé : et comme il est presque hors de doute
que le but de l'ennemi ne soit de détruire le noyau
d'armée de V. E. comme le seul ou le principal
obstacle à l'anéantissement de la liberté, je crois
devoir à mon amitié pour vous de vous prévenir,
pour que vous preniez vos mesures en conséquence.
En même temps, je presserai votre frère de vous
faire passer tous les renforts possibles.

Je vous prie d'agréer les assurances de mon estime la plus parfaite, et de toute ma considération.

Le Chevalier d'Onis.

N° XIX. — *Instruction du Régent, au Général D.
Guillaume* Pépé.

1° Le royaume de Naples peut être attaqué par
les Abruzzes par Sora et Ceprono, et par Itri : la
position politique et militaire de nos côtes rend impossibles ou de nul effet les attaques maritimes.

2° La défense des Abruzzes vous est confiée,
ainsi qu'aux troupes du second corps d'armée. Le
général Carascosa et ses troupes défendront les
deux autres points de la frontière.

3° L'ennemi n'a point développé son plan ni ses
forces, mais je suppose deux cas : 1° qu'il attaque
faiblement les Abruzzes, pour concentrer ses forces sur un autre point de la frontière ; 2° ou qu'au
contraire il observe la frontière dans les autres parties, et qu'il réunisse ses forces contre les Abruzzes.
Le territoire que vous avez à défendre sera ainsi
l'objet secondaire ou principal de la guerre.

S'il est l'objet secondaire, vous secourrez de deux manières l'aile gauche de l'armée, soit en fournissant au premier corps d'armée quelques-uns de vos bataillons, soit en manœuvrant sur les flancs et sur le derrière de l'ennemi, soit par des marches offensives. Les circonstances décideront du choix des deux moyens précédens. Il n'est pas nécessaire de faire observer à un général aussi expérimenté, que les Abruzzes seront toujours la base de ces opérations dans les secours que vous porterez à l'aile gauche, soit par des marches offensives, soit par manœuvres latérales, et qu'ainsi tous vos mouvemens doivent s'appuyer exclusivement à cette partie de la frontière.

Mais si les Abruzzes formaient l'objet principal de l'attaque, vous recevriez du 1er corps d'armée dès secours de troupes et de manœuvres: leur genre et leur étendue dépendront des circonstances, etc., etc.

N° XX. — *Proclamation du Roi aux Napolitains en date du 25 février.*

Ferdinand Ier, par la grâce de Dieu, Roi du royaume des Deux-Siciles.

La sollicitude de notre cœur, exprimée dans la

lettre du 28 janvier, que nous avons adressée à notre bien-aimé fils le duc de Calabre, et la déclaration conforme, faite dans le même temps par les représentans des souverains alliés, n'ont pu laisser à nos peuples aucun doute sur les conséquences auxquelles les déplorables évènemens du mois de juillet dernier, ainsi que leurs résultats, exposent notre royaume.

Notre cœur paternel nourrissait la plus ferme espérance que nos premiers avis auraient fait prévaloir les conseils de la prudence et de la modération, et qu'un fanatisme aveugle n'aurait pas attiré sur notre royaume des maux que nous nous sommes toujours efforcé d'éviter.

Nous confiant uniquement dans cette espérance, nous avons cru devoir prolonger notre séjour dans le lieu où se trouvent réunis nos puissans alliés, afin de pouvoir, jusqu'au dernier moment, seconder de tous nos efforts les déterminations qui seraient prises à Naples, et afin de parvenir au but auquel tendent nos plus ardens désirs, comme conciliateur et pacificateur, seule consolation qui, dans notre vieillesse, pût adoucir nos chagrins, les rigueurs pénibles de la saison, et les désagrémens d'un long voyage. Mais les hommes qui ont exercé momentanément le pouvoir à Naples, opprimés par la perfidie d'un petit nombre, ont été sourds à notre voix ; et, voulant séduire l'esprit de nos peuples, ils ont tenté de le tromper par la fausse supposition, si injurieuse pour les grands monarques nos alliés, que nous nous trouvions en état d'arrêt. J'ai cru nécessaire de répondre à une imputation si fausse et si coupable.

Maintenant que, par l'effet de suggestions perfides, notre séjour au milieu de nos alliés n'a plus pour motif l'objet de notre première espérance, nous nous mettrons de suite en marche pour retourner dans nos états. Dans cette situation des choses, il est de notre devoir pour nous-mêmes et pour nos peuples, de leur faire connaître nos sentimens royaux et personnels.

Une longue expérience de soixante ans de règne nous a appris à connaître les dispositions et les vrais besoins de nos sujets. Nous confiant dans la droiture de nos intentions, nous saurons, avec l'aide de Dieu, satisfaire à leurs besoins de la manière la plus juste et la plus durable. Nous déclarons, en conséquence, que l'armée qui s'avance sur notre territoire devra être considérée par nos fidèles sujets, non comme ennemie, mais comme destinée seulement à les protéger en contribuant à consolider l'ordre nécessaire pour maintenir la paix intérieure et extérieure du royaume.

Nous ordonnons à nos armées de terre et de mer

de considérer et d'accueillir celle de nos augustes alliés comme une force qui agit seulement pour le véritable intérêt de notre royaume, et que, loin d'être envoyée pour les soumettre ou les surcharger d'impôts pour une guerre inutile, elle est autorisée à se réunir à elles pour assurer la tranquillité et pour protéger les vrais amis du bien de la patrie, qui sont les sujets fidèles de leur roi.

FERDINAND.

Laybach, le 25 février 1821.

N° XXI. — *Proclamation du Général* FRIMONT *aux Napolitains.*

Napolitains!

Au moment où l'armée qui est sous mes ordres met le pied sur les frontières du royaume, je me vois dans l'obligation de déclarer franchement et ouvertement le but de mes opérations.

Une détestable révolution, arrivée dans le mois de juillet dernier, trouble votre tranquillité intérieure et rompt les liens d'amitié qui, dans les états voisins, ne peuvent reposer que sur les bases d'une confiance réciproque.

Votre roi a fait entendre à son peuple sa voix royale et paternelle; il vous a prévenus des horreurs d'une guerre inutile, que personne ne veut porter au milieu de vous, et qui ne doit tomber sur vous que d'après vos actions.

Les anciens et fidèles alliés du royaume vous adressent ainsi la parole; ils ont non-seulement des devoirs à remplir envers leurs peuples, mais votre bonheur réel et durable ne leur est pas étranger, et vous ne le trouverez jamais sur le chemin de la révolte, ni en foulant aux pieds vos devoirs.

Abandonnez volontairement une œuvre politique qui vous est étrangère, et confiez-vous en votre roi. Vos intérêts sont inséparables des siens.

En approchant des frontières du royaume, aucune pensée hostile ne conduit nos pas. L'armée qui est sous mes ordres considérera et traitera comme amis tous les sujets fidèles à leur roi, et tous les Napolitains amis de la tranquillité. Elle observera partout la plus rigoureuse discipline, et ne regardera comme ennemis que ceux qui s'opposeront à sa marche.

Napolitains! écoutez la voix de votre roi et de ses amis, qui sont aussi les vôtres, réfléchissez à tous les désastres que vous vous attirerez par une vaine résistance; soyez persuadés que votre félicité ne pourra jamais reposer sur une opinion illusoire et passagère, par laquelle cherchent à vous abuser les ennemis de l'ordre et de la tranquillité, qui sont également les vôtres.

JEAN, Baron DE FRIMONT, Général de cavalerie.

Du Quartier-Général de Foligno, le 27 février 1821.

N° XXII. — *Lettre du parlement au Roi, envoyée par l'entremise du Général* FARDELLA.

Sire,

Que votre Majesté nous permette de déposer dans le fond de son cœur netre profonde affliction. Elle est produite par des circonstances dont les principales au moins vous sont connues. Nous vivions paisiblement au sein de nos foyers, et, le 2 juillet 1820, nous ne nous étions pas éloignés. V. M. crut devoir nous en arracher, lorsque, par l'organe de son auguste fils, elle convoqua les assemblées électorales, et autorisa ainsi notre nomination. Ce fut elle qui traça la formule de nos pouvoirs, et nous prescrivit les bases de nos sermens. Dans toutes nos fonctions, nous n'avons cru faire autre chose que de nous conformer à votre volonté, qui correspondait aux désirs du peuple. Lorsque V. M. partit pour le congrès de Laybach, elle daigna se charger de la mission de nous conserver notre constitution actuelle. Mais dans les documens qui furent communiqués, elle exprima clairement la position pénible et les circonstances critiques où elle se trouva, lorsqu'elle n'eut pu faire changer les résolutions de ses alliés. Nous rappelant tout ce que V. M. avait dit, et que nous avions entendu de sa propre bouche, nous et le prince régent, nous fûmes portés à croire qu'en prononçant ensuite des paroles contraires, elle s'était trouvée dans un état de contrainte.

Cependant, une proclamation s'est répandue en votre nom royal, et a présenté l'idée que V. M. était libre, et qu'elle désapprouve toutefois le régime qu'elle a fondé parmi nous. Nous avons aussi appris que V. M. était à Florence, et qu'elle s'avançait vers Rome. En même temps que ces démarches ont lieu, nous voyons une forte armée autrichienne passer nos frontières, et menacer ce qui nous est le plus précieux. Sire, la volonté de V. M. a toujours été chère à notre nation. Si son nom fut jamais prononcé avec vénération et amour, ce fut précisément lorsqu'elle daigna établir une constitution dans notre patrie. Toutes nos démarches, tous nos actes ont porté l'empreinte du plus vif amour pour V. M. et nous n'avons joui de la liberté que dans les limites et de la manière prescrites par elle-même.

Si V. M. croit maintenant devoir s'éloigner en quelque point du système auparavant adopté, qu'elle daigne reparaître au milieu de son peuple, qu'elle dévoile en famille ses véritables dispositions; qu'elle vienne nous découvrir, dans l'effusion de son cœur, quelles améliorations elle croit nécessaire à notre état actuel. Votre peuple, Sire, sera satisfait de maintenir avec V. M. ce juste et noble accord dont il s'est toujours honoré, et dont il se fera toujours un devoir; mais que les étrangers, Sire, que les étrangers ne prétendent pas s'immiscer entre la nation et son chef; que personne ne dise que leur présence a été nécessaire pour inspirer envers le monarque, à un peuple qui l'aime et le respecte, la docilité, l'attachement et la confiance; que nos lois ne soient pas teintes du sang de nos ennemis ou de nos frères; enfin, que le trône de V. M. se repose tout entier sur l'affection de ses propres peuples, et non sur le glaive des ultramontains.

Nous confions, Sire, ces vœux sincères à ce même Dieu qui fut témoin de nos engagemens réciproques, de nos intentions loyales et de vos soins paternels. Nous ne doutons pas que le cœur bienfaisant de V. M. n'agrée ces mêmes vœux, et ne sache les rendre efficaces. Nous osons enfin l'assurer que sa gloire, notre bonheur, et la félicité commune en seront les résultats certains.

Qu'elle soit, en attendant, persuadée que tout ce que nous avons fait, ou ce que nous ferons, sera toujours conforme à ces sentimens qui sont d'ailleurs ceux de V. M.

Naples, le 12 mars 1821.

––––––

N° XXVI. — *Acte de protestation adopté et décreté en comité secret, par le parlement national, dans la matinée du 19 mars 1822, sur la proposition du Député* Poerio, *revêtu de vingt-cinq signatures, parmi lesquelles se trouve celle de l'auteur de la motion.*

D'après la publication du pacte social du 7 juillet 1820, en vertu duquel S. M. daigna adhérer à la constitution actuelle, le Roi, par l'organe de son auguste fils, convoqua les assemblées électorales. Nommés par elles, nous reçûmes nos mandats selon la forme que le monarque avait lui-même prescrite. Nous avons exercé nos fonctions conformément à nos pouvoirs, aux sermens du roi et aux nôtres. Mais la présence d'une armée étrangère dans le royaume nous met dans la nécessité de les suspendre, d'autant plus que, d'après l'avis de S. A. R., les derniers revers survenus dans l'armée rendent impossible la translation du parlement, qui ne pourrait d'ailleurs être constitutionnellement en activité sans le consentement du pouvoir exécutif. En annonçant cette circonstance affligeante, nous protestons contre la violation du droit des gens ; nous entendons réserver les droits de la nation et du roi ; nous invoquons la sagesse de S. A. R. et de son auguste père, et nous remettons la cause du trône et de l'indépendance nationale dans les mains de ce Dieu qui règle la destinée des monarques et des peuples. »

Nous croirions mal juger de la pénétration, de la capacité et des lumières de nos lecteurs si nous ajoutions de nouvelles considérations à celles qui précèdent les documens qu'on vient de lire. Une telle évidence, une telle conviction résultent de ces seuls documens, que nous eussions même pu nous dispenser de toute réflexion.

La reine d'Espagne, princesse de Saxe, étant morte à Madrid le 17 mai 1829, dans le courant de

la même année, Ferdinand VII a demandé la main
de la princesse Marie-Christine *, seconde fille du
second lit de François Ier, et ce mariage ayant été
arrêté, ce prince, accompagné de la reine d'Espagne et du reste de sa famille, a quitté Naples le
30 septembre, pour se rendre à Madrid par Rome,
Turin, Grenoble, Valence, Nîmes, Montpellier
et Perpignan. La nouvelle reine était à Barcelone
le 15 novembre. On n'a point encore reçu l'avis de
son arrivée à Madrid à l'instant où cet ouvrage est
à l'impression, et déjà cependant l'espoir d'un plus
heureux avenir la précède, et a fait répandre en
Espagne le bruit d'une amnistie. Il est vrai que, selon ce qui s'est constamment pratiqué dans ce cabinet fanatique et cruel, depuis que la France *constitutionnelle* a remis Ferdinand VII en possession du
pouvoir *absolu*, on fait accompagner cette amnistie d'un grand nombre de restrictions qui la rendraient complètement nulle ; mais il est permis
d'espérer que celle dont la présence a déjà fait
luire un rayon d'humanité au milieu d'une cour
si long-temps barbare, croira sa gloire et peut
être son bonheur intéressés à achever son ouvrage.
Élevée au milieu des proscriptions de la patrie
qui la vit naître, elle semble destinée par la pro-

* Voyez Ferdinand VII.

vidence à mettre un terme aux longues misères de la patrie qui l'adopte. Puisse le règne de cette jeune et intéressante princesse, sur laquelle reposent tant d'espérances, être plus fortuné que celui des reines qui l'ont précédée sur le trône des Espagnes. Une gloire brillante et durable peut lui être réservée; et s'il nous paraît désormais bien difficile que François Ier puisse réhabiliter, auprès de la postérité, un nom contre lequel s'élèvent tant d'accusations terribles et auxquelles il n'a jamais été répondu, ce nom du moins pourra être encore protégé par celui de sa fille.

—————

FERDINAND-CHARLES,

Prince de Calabre, prince héréditaire des Deux-Siciles, né le 12 janvier 1810.

—————

MINISTÈRE NAPOLITAIN.

Président et ministre des affaires étrangères, par interim, le chevalier Louis DE MEDICI.

Ministre des finances, le même.

Ministre de l'intérieur, le marquis AMATI.

Ministre de la justice, de grâce et du culte, le marquis Tommasi.

Ministre de la guerre et de la marine, le prince della Scaletta.

Secrétaire d'état de la maison royale, le marquis Gerol. Ruffo.

Ministre de la police, M. Intonti.

AMBASSADEURS,

MINISTRES ET CHARGÉS D'AFFAIRES

DE NAPLES

PRÈS LES DIFFÉRENTES COURS DE L'EUROPE.

ANGLETERRE.	Le comte de Ludolf (père), env. extraord. et ministre plénipotentiaire.
AUTRICHE.	Le prince de Cassaro, env. ext. et min. plén.
BADE.	. . . .
BAVIERE.	. . . .
DANEMARCK.	Le prince de Palazzolo, chargé d'affaires.
ESPAGNE.	Le duc de Floridia, dei principi di Partana, env. ext. et ministre plénip.
ETATS-ROMAINS.	Le marquis Fuscaldo, env. ext. et min. plénip.
FRANCE.	Le prince Castelcicala, ambassadeur.
PARME.	Le comte Luigi Griffeo, dei principi di Partana, env. extr. et ministre plénipotentiaire.

PAYS-BAS.	Le chevalier Vicenzo de Ramirez, chargé d'af.
PORTUGAL.	. . . .
PRUSSE.	Le chevalier D. Carlo Ruffo, envoyé extr. et ministre plénipotentiaire.
RUSSIE.	Le comte de Ludolf (fils), env. ext. et min. pl.
SARDAIGNE.	Le marquis Gagliati, env. ext. et min. plén.
SAXE.	. . . .
SUÈDE.	M. Cartoni, consul général et agent diplom.
TOSCANE.	Le comte Luigi Gaiffeo (voyez Parme.)
TURQUIE.	Le commandeur d'Ambrosio, chargé d'affaires.
WURTEMBERG.	. . . .

TURQUIE.

TURQUIE.

MAHMOUD II, SULTAN.

Cet état, qui ne figure plus que nominalement
sur la carte de l'Europe, marche vers une dissolution prochaine. La politique britannique, qui a
entraîné Mahmoud aux résolutions les plus déses-
pérées, pour opposer, dans l'Orient, une digue
puissante aux projets de la Russie, qui voulait arracher à l'Angleterre le monopole commercial de la
mer Noire et de la Méditerranée, est la véritable
cause de la chute de l'empire ottoman. Trompé,
aveuglé, sacrifié par le cabinet de Londres, dont
les écrivains exaltaient à l'envi son génie et son caractère énergique, Mahmoud ne fut qu'un barbare
qui ne connut ni son siècle, ni l'Europe, ni le cabinet perfide auquel il livrait les trésors et les ressources de son pays. Ceux qu'il servit si bien, par sa
folle déclaration de guerre à la Russie, le procla-
mèrent un grand homme dans leurs journaux et
lui feront payer ce titre, de son empire et peut-
être de sa tête. Mille traits de la férocité la plus
implacable ont rangé ce prince parmi les fléaux

destructeurs de l'humanité, et ne permettront pas qu'une seule larme soit donnée à ses malheurs et à sa mémoire.

MINISTÈRE OTTOMAN.

(Ce ministère était composé ainsi qu'il suit avant la paix qui vient d'être conclue entre la Russie et la Porte. Depuis cette époque, d'importans changemens s'opèrent journellement dans le personnel du divan.)

Grand visir, Reschid Mehemed Pacha.

Mufti (chef suprême de la religion), Jafendschi-Sade-Effendi.

Capudan pacha (Grand Amiral), Papudschi-Ahmed-Pacha.

Reiss effendi (Ministre des affaires étrangères), Mohamed-Seid-Pertew-Effendi.

Kiaja-bey (Ministre de l'intérieur), Ali-Nedschid-Bey.

Nischandschi-bachi (garde des sceaux), Hassan-Jasin-Effendi.

Defterdar (ministre des finances), Mehmed-Sadik-Effendi.

Séraskier (généralissime des troupes régulières à Constantinople), Chosrew-Mehmed-Pacha.

Tersana-Émini (ministre de la marine), ELHADSCH ALI-BEI.

Tschausch-bachi (maréchal de l'empire) , ATTAULAH-EFFENDI.

Il y a en outre un chef des monnaies, un grand-maître des requêtes, un intendant des arsenaux et un directeur des archives qui ont séance et voix délibérative au divan.

AMBASSADEURS,

MINISTRES ET CHARGÉS D'AFFAIRES

DE TURQUIE

PRÈS LES DIFFÉRENTES COURS DE L'EUROPE.

ANGLETERRE. . . . .
AUTRICHE. . . . .
BADE. . . . .
BAVIÈRE. . . . .
DANEMARCK. . . . .
ESPAGNE. . . . .
ÉTATS ROMAINS. . . . .
FRANCE. . . . .
NAPLES. . . . .

PARME. . . . .

PAYS BAS. . . . .

PORTUGAL. . . . .

PRUSSE. . . . .

RUSSIE. Une ambassade extraordinaire chargée d'obtenir une réduction sur les contributions im-
posées à la Porte.

SARDAIGNE. . . . .

SAXE. . . . .

SUEDE. . . . .

TOSCANE. . . . .

WURTEMBERG. . . . .

PORTUGAL.

PORTUGAL.

DON MIGUEL.

Ce pays, gouverné par un tigre et une hyène, toujours prêts à s'entre-déchirer, ne présente que l'épouvantable spectacle d'un marché de chair humaine. Il est hors de la loi des nations, et nous n'avons point à nous occuper, dans cet ouvrage, des ménageries de l'Europe.

SUÈDE.

SUÈDE.

CHARLES XIV (Jean), ROI.

Il est, dans les annales des peuples, des noms chers
à l'humanité, à la liberté, et qui rappellent et re-
présentent tous les sentimens généreux. Lorsque,
parmi ces noms, se rencontre celui d'un roi, d'un
prince, ou d'un de ces hommes privilégiés que le
hasard de la naissance ou le choix des peuples ont
placés à la tête des sociétés humaines, c'est, pour
l'historien philosophe et observateur une bonne
fortune qu'il doit se hâter d'autant plus de saisir
qu'elle s'offre plus rarement à lui. Le nom de Charles XIV se présente l'un des premiers, au nombre de
ces princes éclairés et bienfaisans destinés par la
providence à réconcilier la Liberté avec le Pouvoir.
Tout le règne de ce prince semble n'être que la
suite d'une pensée fixe qui a pour but unique de
rendre meilleure la condition des hommes soumis
à son sceptre par leur propre volonté. Le trône
constitutionnel de Charles XIV a pour appuis, les
intérêts, les libertés, le choix libre de la Suède,
et la reconnaissance unanime de tous les Souve-

rains de l'Europe. Dans ses rapports extérieurs
avec eux, ce prince a tellement su se conformer
aux convenances de sa position spéciale, et se
placer, par la sagesse de sa politique, dans le droit
commun de tous les états de l'association européenne, que, quoi qu'en aient pu dire les écrivains du servilisme, nous ne pensons pas qu'il
existe maintenant, dans cette association, de trône
mieux affermi que le sien.

Nous ne reviendrons pas ici sur les faits militaires
de la vie de ce prince; ils sont consignés dans *Les
Souverains de l'Europe en* 1828. Nous n'aurons plus
à parler de ces proclamations, si puissantes de raison, si brûlantes de patriotisme et d'énergie, dans
lesquelles, en qualité de Prince Royal de Suède,
il appelait tous les peuples de l'Europe à s'armer
pour leur liberté. Le cadre dans lequel nous
sommes contraints de nous renfermer est trop
étroit pour nous permettre de revenir sur ces premiers développemens; après avoir parlé du héros,
ce n'est plus maintenant que du monarque que
nous allons nous occuper *.

* Nous croyons être bien informés qu'un historien contemporain
s'occupe en ce moment à recueillir les matériaux nécessaires pour
écrire la vie militaire et politique de Charles XIV, et que toutes les
pièces justificatives relatives à cette grande époque et qui sont si
glorieuses pour ce prince trouveront place dans cet ouvrage.

Monté, par la mort de Charles XIII, son père adoptif, le 5 février 1818, sur le trône dont il venait de défendre l'indépendance avec tant de gloire et de succès, et qui avait reçu un nouvel éclat de ses victoires, le Prince Royal s'empressa, dans une proclamation du même jour, de faire connaître à la nation suédoise que, dès ce moment, il prenait les rênes du gouvernement que la volonté unanime des états avait remises dans ses mains.

Cette proclamation, où les regrets et les espérances du nouveau monarque sont exprimés avec une sensibilité, une franchise, une simplicité si touchantes, nous paraît mériter d'autant plus d'être rapportée ici, que jamais prince n'a, dans sa carrière royale, rempli plus religieusement les engagemens pris avec son peuple, et acquis, par cette loyauté dont les exemples sont si rares, de plus justes droits au respect de ses contemporains et de la postérité; la voici :

« Lorsque par suite de la proposition faite aux États-Généraux par feu notre père le très-puissant Roi et souverain Charles XIII, nous fûmes unanimement élu le 21 août 1810 pour son successeur au trône de Suède, et qu'appelé à la fois par la voix du monarque et la volonté du peuple, nous acceptâmes cette vocation glorieuse mais difficile, nous fûmes guidé par la puissante considération, que votre résolution libre et spontanée était amenée par des évènemens qui nous étaient absolument étrangers, et qui ne dépendaient pas de nous. Cette résolution nous fit renoncer à une vie pénible, qui alors était l'objet de tous nos vœux. Nous reçûmes, à notre arrivée en Suède, la preuve la plus éclatante de la confiance et de la tendresse de votre Roi, dans l'acte par lequel il nous adopta pour son fils, et cette adoption, en imprimant un sceau plus solennel et plus sacré à votre ouvrage, augmenta encore notre dévouement envers notre nouvelle patrie. Pendant les années qui se sont écoulées depuis cette époque si précieuse à notre cœur, nous avons tâché de remplir envers ce prince à jamais chéri et regretté, tous les devoirs d'un fidèle sujet et d'un tendre fils, et nous avons trouvé chaque jour, dans son amour paternel, la plus belle récompense de nos efforts.

Ce bonheur n'existe plus pour nous; la mort nous a ravi celui qui nous avait voué toutes ses affections. Arraché de nos bras, de ceux d'une épouse inconsolable, du cercle de sa famille éplorée, enlevé à un peuple dont il fut deux fois le sauveur, il est mort avec la tranquillité du sage, avec la paix d'une conscience pure, et, accompagné des consolations de la religion et des larmes de la reconnaissance, il est allé recueillir sa récompense

éternelle dans un meilleur monde. Nous avons
reçu pour vous ses dernières bénédictions, qui, au
terme de sa carrière, étaient aussi ferventes qu'aux
jours de la plénitude de ses forces. Nous avons dé-
posé entre ses mains mourantes le serment sacré
d'hériter, avec sa couronne, de sa tendre sollicitude pour la patrie, de ses vœux ardens pour votre
bonheur.

Montant aujourd'hui, par suite de ce triste évènement, sur le trône de Suède et de Norwège,
pour gouverner les deux royaumes d'après leurs
lois fondamentales et le *Riks-akt*, décrété et consenti par les États-Généraux de Suède, le 5 août,
et par le *Storthing* de Norwège, le 31 juillet 1815,
nous vous donnons l'assurance royale de gouverner le royaume d'après le recès de la diète du
2 mai 1810.

Dès notre première entrée sur le sol suédois,
le principal objet de nos soins a été de défendre
votre liberté, vos droits et votre indépendance. La
providence a daigné couronner nos efforts ; aussi,
dans cette occasion douloureuse, notre premier
devoir comme notre première pensée nous ont
porté à invoquer sa puissante protection pour
l'heureuse issue de nos travaux ultérieurs. Nous
nous attendons à être fortement appuyé par votre
union et par votre patriotisme. Étroitement unis à

votre Roi Constitutionnel, vous continuerez d'être
libres et indépendans ; c'est ainsi que vous honore-
rez le plus dignement la mémoire du prince que
nous pleurons aujourd'hui avec vous. Puissent ses
mânes protecteurs veiller toujours sur la destinée
d'un peuple qui fut heureux par ses soins, et qui,
sur la tombe de son roi, peut dire avec toute l'effusion de la reconnaissance : « Sans lui nous n'au-
» rions pas ces lois que nous avons nous-mêmes
» établies, ni cette terre libre qui couvre les cen-
» dres de nos pères, ni cette perspective de l'avenir
» que ses vertus et ses sacrifices nous ont pré-
» parée. »

Depuis ce jour, tous les actes de Charles XIV
ont été en parfaite harmonie avec les promesses
solennelles de la couronne. Ami de la liberté, de
la justice, des lumières, et connaissant aussi bien
les bornes que l'autorité royale constitutionnelle
doit atteindre pour remplir tous ses devoirs que telles qu'elles ne peut dépasser sans les enfreindre,
son gouvernement honore la nation qui l'a honoré
lui-même en l'appelant à la suprême magistrature,
sur le seul bruit de sa haute réputation et de ses
vertus publiques et privées. Les efforts de Charles XIV, pour réunir dans un commun amour de
la patrie et du monarque, les deux peuples de la
Suède et de la Norwège qu'avait réunis le traité

de Kid, du 14 janvier 1814, ont été couronnés d'un plein succès, et , de tous les points de ces deux royaumes, s'est bientôt élevé un concert de bénédictions vers le prince qui dévouait toute son existence à leur prospérité et à leur bonheur. Quelle reconnaissance et quel amour ne devaient pas faire naître dans l'âme de ces nobles peuples du nord, qui tiennent à leur liberté plus qu'à leur vie, ces belles paroles de leur Prince, adressées le 6 septembre 1818 aux députés.des états du royaume de Suède, à l'occasion de son couronnement. « La gloire des conquérans peut disparaître, mais celle des hommes qui défendent la liberté des nations passe d'âge en âge. Le souvenir que vous conservez du grand roi qui défendit la vôtre est un hommage religieux rendu à sa mémoire, et cet hommage honore autant la nation qui le consacre, que le prince qui en est objet. »Lorsque l'Académie Caroline vint, le 5 juillet suivant (1819), à Ramlosa, l'assurer de son profond dévouement, on l'entendit reconnaître et proclamer, dans la réponse qu'il fit à ce corps savant, cette vérité importante, trop méconnue des monarques vulgaires, et dont son règne est destiné à donner une éclatante preuve, que « c'est un double devoir pour les princes de protéger les sciences et les lettres ; car, s'ils ont le bonheur de se distinguer par quelques travaux utiles,

ce sont les lettres et les sciences qui font passer
honorablement leurs noms à la postérité. » Le 14
septembre 1819 une députation de la province de
Dalécarlie, s'étant rendue auprès de lui à Falun,
pour lui présenter ses hommages, on remarqua,
dans la réponse du roi, ces paroles admirables qui
furent bientôt répétées avec enthousiasme par toutes les populations et qui suivaient un rapide exposé
de la situation prospère des royaumes-unis, sous
le double rapport du maintien de la paix extérieure et intérieure et des progrès de toutes les
branches de l'industrie. « Si quelqu'un voulait troubler le repos dont nous jouissons, alors votre Roi
Constitutionnel et Légitime, doublement légitime
par l'élection et les suffrages unanimes d'un peuple
libre et par l'adoption du vertueux Charles XIII,
ne s'adresserait pas en vain à votre dévouement patriotique, pour vous appeler à la défense de l'honneur, de la liberté et de l'indépendance de la
nation. » Citoyen sur le trône, selon la noble qua-
lification qu'il se donne à lui-même, Charles XIV
autorise son fils à passer avec les membres de
l'académie d'Upsal, dont il est chancelier, le
temps que ses devoirs, comme héritier du
trône, ne consacrent pas à d'autres travaux. « L'ordre et la stabilité des institutions, » dit-il à ces
hommes justement révérés dans leur patrie, par

la noblesse de leur caractère et leurs profondes
connaissances « doivent marcher de front avec le
respect pour les droits des citoyens et la liberté de
l'homme. »

Dans sa réponse au corps de l'académie de Lund
qui lui fut présentée à Skarhult le 25 août 1820,
l'excellent prince rend le même hommage aux
connaissances humaines. « L'ignorance, dit-il, rend
les hommes esclaves de leurs propres passions et
tributaires de ceux qui veulent les asservir. Plus
une nation est éclairée, plus on voit se développer
dans son sein un zèle patriotique qui est le garant
de sa grandeur et de son indépendance. » S'il est
pour nous un sacrifice pénible dans ce travail,
c'est l'obligation où nous placent ses proportions
de nous borner à de rapides extraits, lorsque nous
éprouverions une jouissance si vraie à ne rien retrancher des discours du Monarque suédois, discours où les principes de la plus pure morale et de
la politique la plus élevée et la plus amie des
hommes s'enchaînent par des conséquences naturelles et se prêtent un mutuel appui. « Commu-
niquons-nous loyalement nos pensées, » répondait
le roi au Storthing norwégien, réuni à Christiania
le 30 juillet 1821, et dans lequel avaient éclaté
quelques dissentimens qu'il était également dans
l'intérêt de la liberté et du trône de comprimer,

« mais n'oublions jamais que les représentations nationales qui ont cherché à maîtriser l'autorité de
la puissance exécutive ont amené des déchiremens
dont le résultat n'a été que l'anarchie ou le despotisme. » Ces paroles, qui expriment un principe
conservateur, sont sans doute éminemment vraies
dans leur application à un gouvernement national
et où la liberté est innée, tel que celui de la Suède,
où le monarque et le peuple sont unis par les liens
d'une confiance, d'une affection et d'un besoin
réciproques : mais, par malheur, elles cessent de
l'être, dans tel état du midi de l'Europe où des
politiques sans expérience, sans discernement et
sans lumières, étrangers à leur siècle qui les repousse et au pays qu'ils s'efforcent d'abrutir en
le remettant sous le joug des préjugés du moyen
âge, croyent dans leurs mesquines et criminelles
conceptions, à la possibilité d'enter le système représentatif sur le droit divin exclusif, et de faire
surgir les libertés publiques des traditions héréditaires du pouvoir absolu.

Avec la pénétration qui lui est propre, Charles XIV avait, ainsi que nous venons de le dire,
reconñu que des symptômes d'agitation travail-
laient depuis quelque temps une partie de la population de la Norwège ; que peut-être même
des membres du Storthing n'y étaient pas étran-

gers , et que les conséquences possibles de ces
agitations fixaient déjà jusqu'à un certain point l'attention des puissances étrangères. Placé entre la
nécessité de faire comprendre aux Députés de
cette nation le danger qui pouvait les menacer, et
résolu néanmoins de ne porter aucune atteinte à ses
droits, Charles XIV se conduisit avec tant de circonspection et de fermeté, que l'orage qui s'annonçait ne tarda pas à se dissiper, et qu'il ne resta
dans tous les esprits, d'autre sentiment que celui
d'une profonde reconnaissance pour le père de la
patrie, dont la prévoyante sagesse et la salutaire
énergie avaient écarté les dangers dont elle était
menacée. Il fit droit aux justes réclamations, se
montra décidé à ne faire de concession d'aucun
genre à l'esprit de faction, et ne tarda pas à obtenir par cette conduite, aussi ferme que mesurée,
l'assentiment de tous les esprits éclairés et vraiment
patriotes. Le discours que prononça Charles XIV
le 21 août 1821, à la clôture du Storthing où avaient
été agités tous ces intérêts, nous paraît être un
document historique d'une assez haute importance
pour ne pas en priver le lecteur.

« Les évènemens politiques dont nous avons été
témoins depuis un an ont dû vous convaincre,
Messieurs, de l'attention suivie que les gouvernemens ont attachée au maintien de l'ordre et de la

tranquillité en Europe. La Norwège n'y pouvait
point rester étrangère. A mesure que les droits
dont elle jouit offraient des points de comparaison,
l'usage que ses législateurs feraient de ces droits
devait nécessairement fournir le sujet d'une observation générale.

» S'il est de la nature du régime constitutionnel
de favoriser le développement des idées, il est aussi
du devoir des hommes éclairés de prévenir les dangers d'une exaltation outrée. Le passé est loin de
nous ; profitons-en pour diriger nos pensées. Ce
n'est qu'après un examen réfléchi de mes devoirs
et des besoins de la nation, que je vous ai fait remettre les différentes propositions pour des changemens dans l'acte constitutionnel. Je n'ai été guidé
que par le désir de maintenir et de consolider la
liberté que j'ai acquise au peuple norwégien, ce
titre à sa reconnaissance étant le plus cher et le
plus durable que je puisse ambitionner.

»Je me flatte que l'opinion publique, bien dirigée, saura apprécier mes intentions, et je dois
compter, à cet égard, sur la franche et loyale co-
opération de la représentation nationale. Faites
sentir à vos concitoyens, que la liberté n'est stable
que lorsque le gouvernement est fort ; qu'il n'existe
point de garantie là où les pouvoirs sont imparfaitement balancés, et qu'un état constitutionnel qui

veut éviter des secousses, dont les suites sont in-
calculables, doit rejeter toute prépondérance exclusive sur un gouvernement protecteur.

» La résolution que vous avez prise pour l'acquit-
tement de votre ancienne dette avec le Danemarck
influera, d'une manière favorable, sur le crédit
public. Je ne me dissimule point les difficultés qui
nous restent encore à vaincre; elles proviennent
en partie de la stagnation du commerce, dont l'activité fournirait un aliment si utile à l'industrie et
aux finances de la Norwège; mais ma constante sollicitude pour votre bien-être s'élèvera à la hauteur
des circonstances, et j'espère que la providence
bénira mes efforts.

» Fier de commander à un peuple qui jouit du
beau droit de publier sa pensée et d'énoncer hautement ses opinions, je saurai respecter de coura-
geuses vérités, tout en réprimant la licence. La
vraie littérature, une des parties essentielles de la
gloire nationale, repousse l'injure et la calomnie;
l'auteur véritablement citoyen doit être le premier
à reconnaître que, lorsque les devoirs sont mé-
connus, les droits cessent d'exister.

» Je vois, avec plaisir, l'approche du terme où
le zèle et les lumières de ceux auxquels a été confiée la tâche importante de rédiger un nouveau
code pour le royaume, feront disparaître toute con-

tradiction entre les principes de vos anciennes lois
et les droits que vous avez acquis. Ce vague se présente surtout dans la question sur la responsabilité
de mes conseillers d'état. Ces fonctionnaires sont
exposés, dans tous les pays constitutionnels, à la
facilité des remarques; il leur faut, du moins, la
garantie de ne pouvoir être jugés que d'après des
principes fixes, et non d'après des analogues arbi-
traires ou illusoires. Je me propose de régler les
attributions constitutionnelles de chaque conseiller
d'état, et je ferai présenter au Storthing prochain,
un projet de loi sur leur responsabilité, qui donnera à la représentation nationale la mesure de ses
prérogatives.

» La situation politique de la prèsqu'île scandinave, à l'égard des autres états de l'Europe, ne
laisse rien à désirer pour la continuation de nos
relations d'amitié. C'est à nous à maintenir ces élémens si importans pour l'existence de toute société
bien organisée.

» En déclarant maintenant, conformément à la
loi, que la session du Storthing ordinaire de 1821
est terminée, je vous renouvelle, messieurs, l'assurance de mes sentimens et de toute ma bienveillance royale. »

Le 1er octobre 1822, Charles XIV arriva à Christiania où le Storthing en corps vint lui présenter

ses hommages. Il y fut accueilli, par les membres
de cette assemblée et par le peuple, avec un véritable enthousiasme, et la réponse qu'il fit au discours qu'il lui fut adressé porta cet enthousiasme
au plus haut point. Toujours contraints à restrein-
dre nos citations, nous ne pouvons, néanmoins, résister au plaisir de rappeler quelques phrases de
cette réponse ; elles donnent, selon nous, une juste
idée du caractère noble et franc de ce bon et brave
prince, qui, Béarnais de naissance comme Henri IV,
le rappelle sous tant de rapports. « Je vous ai fait remettre, » leur dit-il, « des propositions sur les mesures qui je regarde comme utiles dans l'état actuel
des finances du royaume. Si, durant le cours de
vos discussions, votre manière de voir n'était pas
d'accord avec la mienne, je saurais respecter vos
attributions constitutionnelles et vous ne me cau-
seriez pas le moindre déplaisir en énonçant franchement votre pensée. Je ne concevrai jamais l'idée
qu'une divergence d'opinions entre nous puisse
avoir d'autre motif que celui d'un vrai patriotisme. »
Plus tard, et lorsque le 16 novembre suivant le roi
vint clore la session du Storthing, il dit à cette assemblée qui, soumise depuis plusieurs siècles à la
domination absolue du Danemarck, n'avait aucune
idée des droits qui lui étaient rendus et n'appréciait que faiblement encore les immenses avantages

de la liberté : « Après plusieurs siècles d'une forme
de gouvernement absolu, la Norwège a passé tout
d'un coup sous un régime constitutionnel ; malgré
cela, vous avez évité les écueils dont les nations
les plus éclairées et les plus civilisées n'ont pu se
garantir, et vous avez maintenu, avec un respect
religieux, l'acte fondamental, en reconnaissant que
ce n'est qu'avec les leçons de l'expérience qu'on
doit procéder à des changemens et à des améliorations. La marche de l'état social présente souvent
de grandes difficultés. Elles sont moindres dans
une monarchie illimitée où une seule volonté régit
tout. Lorsque la force ne répond qu'à la force , le
souverain peut tout réparer ; mais dans une monarchie représentative, où le roi et chaque citoyen ont
des devoirs et des droits fixés par la loi, il faut user
d'une grande circonspection. Si un seul individu
veut outre-passer la ligne de ses droits, il risque
de compromettre à la fois les siens et ceux des autres. Vous avez vu des exemples funestes des malheurs auxquels un état peut être exposé , si ses
représentans ne sont pas guidés par la conviction
et par l'harmonie de l'opinion publique. Vous voyez
encore, dans un des plus beaux pays de l'Europe ,
une nation valeureuse qui combat depuis tant d'années pour sa liberté , mais qui, désunie dans quelques contrées, de sentimens et de volontés, ne

voit pas le terme de ses malheurs, malgré les efforts
les plus héroïques et les sacrifices les plus doulou-
reux. Une confiance mutuelle entre le chef et les
citoyens, et une noble abnégation de toutes les
vues d'égoisme et d'intérêt particulier en faveur
du bien public, voilà les vrais moyens de faire prospérer un état, de le rendre florissant dans l'intérieur et respecté au dehors. » A l'ouverture des états
généraux qui eut lieu le 23 janvier suivant (1823),
Charles XIV proclama les mêmes principes, fit entendre les mêmes vœux, et recueillit les mêmes
témoignages de confiance et d'amour d'un peuple
dont sa sagesse et son habile politique s'étudiaient
à placer la liberté sous la garantie des états qui,
bien qu'ils n'en eussent pas même la jouissance,
reconnaissaient, néanmoins, n'avoir rien à en redouter. « Les fureurs de l'anarchie, disait-il aux
états, les mouvemens convulsifs de la démocratie
ou enfin l'oppression despotique, voilà les fléaux
dont peu de nations ont su se préserver. » Ce fut
dans la même séance que le roi annonça aux états-
généraux le mariage projeté de l'héritier présomptif de la couronne avec une princesse de Bavière,
fille du feu duc de Leuchtenberg et nièce du roi
de Bavière, actuellement régnant, et cet évènement répandit une joie universelle parmi les peuples de Suède et de Norwège qui appréciaient tous

les jours davantage le bonheur de voir s'affermir
sur le trône de la presqu'île scandinave , la race
d'un prince aussi intrépide à défendre leur indépendance sur le champ de bataille, qu'à maintenir leurs droits constitutionnels dans le conseil.
Ce dont nous sommes positivement informés, c'est
que la nouvelle de cette alliance, qui consolidait
de plus en plus une dynastie que les vertus de son
chef avaient déjà rendue si chère à la nation , fut
une fête pour toutes les familles. Charles XIV se
montra profondément sensible à l'expression du
sentiment national , et manifesta sa reconnaissance
dans la réponse qu'il fit, le 18 février suivant, à
l'adresse de félicitation des états-généraux. Au milieu de ces épanchemens de famille et des émotions vives et prolongées que fesaient naître dans
son cœur tant de marques d'amour, de reconnaissance, de dévouement, et dont il était facile de
voir que l'excellent prince ne cherchait pas à se
défendre, sa pensée pour le bonheur et la liberté
de ses peuples semblait dominer toutes les autres
affections de son ame, et se manifestait par ces
paroles si vraies, si profondes, sur lesquelles repose tout l'édifice du système constitutionnel , et
qui doivent être considérées, tout à la fois comme
les garanties des trônes et celles des libertés publiques. «Le gouvernement représentatif doit marcher

entre deux extrêmes : l'oppression et la licence. La pente naturelle de l'esprit humain le porte vers ces extrêmes; voilà pourquoi il est aussi difficile d'atteindre un juste milieu que de s'y maintenir. Nous sommes parvenus à ce terme; il n'y a chez nous ni despotisme ni licence. Le zèle et l'ardeur pour la cause de la liberté sont louables, sans doute; mais lorsque l'un et l'autre ne sont pas contenus dans de sages limites, le peuple perd la liberté qu'il aime, au lieu d'en conserver la possession. » Le bruit s'étant répandu à Stockholm, que des étrangers étaient arrivés en Suède dans l'intention d'y assassiner le roi et le prince royal, les états-généraux présentèrent au monarque, le 15 mars 1823, une adresse, expression fidèle des craintes qui agitaient la nation et ses représentans, de l'horreur que leur inspiraient la seule pensée d'un tel crime, et des vœux qu'ils formaient pour la conservation d'une famille à laquelle la Suède devait son indépendance et le maintien de ses libertés. « Messieurs, leur répondit Charles XIV, l'horreur que les états-généraux et toutes les classes des citoyens ont fait éclater spontanément à la première nouvelle des trames que le génie du mal ourdissait contre moi et contre ma famille, me dédommagera amplement de l'impression que j'ai dû en éprouver. Organe d'une nation loyale et fidèle, je vous vois

avec émotion vous serrer autour de moi ; non que
je pense que je coure aucun danger ; je dédaigne
de voir qu'il puisse y en avoir de réel. Mais cet élan,
emblème véritable de tout ce que l'amour de la
patrie offre de plus imposant et de plus solennel,
se présentera aux yeux des peuples étrangers comme
le complément de l'inviolabilité de vos droits, de
la sainteté de votre pacte fondamental, et du choix
libre et unanime qui en fut la conséquence.

» La liberté, pour être maintenue, a besoin de la
réunion de nos volontés et de la continuation de
toute notre énergie.

» Les nations prospèrent rarement quand les princes et les peuples ne sont pas unis par un accord
et par un intérêt mutuels. La gloire du prince rejaillit sur la nation, comme la prospérité nationale
rejaillit sur le prince. Je vous ai déjà prouvé que
mon bonheur se compose du vôtre, que je ne respire et que je ne vis que pour le peuple. J'ai la certitude que je parviendrai à le rendre indépendant
et respecté au dehors, si chaque citoyen le veut
avec moi.

» Toutes les recherches, autorisées par nos lois,
continuent d'avoir lieu. Il me reste néanmoins une
espérance, c'est celle que l'odieux projet qui a été
conçu n'a point germé dans un cœur suédois.

» Je renouvelle aux états-généraux l'expression de

mes sentimens et de ma bienveillance royale. »

L'insouciance et le dédain avec lesquels le roi parlait dans cette réponse, si simple mais si expressive, du péril qui ménaçait ses jours et ceux de son fils, ne purent, dans cette circonstance, être comparés qu'à la préoccupation constante de son esprit, qui, voyant avec raison dans l'attentat dirigé contre sa personne et celle de l'héritier de sa couronne, attentat dont son noble cœur refusait de croire un cœur suédois capable, une machination dont le but était le renversement des libertés publiques, n'était frappé que des dangers de l'état et se montrait étranger à toute considération personnelle.

Un dernier extrait du discours prononcé aux états-généraux par Charles XIV, le 22 décembre 1823, à la clôture de la Diète, donnera la preuve de la sage habileté avec laquelle Charles XIV sait allier les principes libéraux et monarchiques. On y reconnaîtra, de plus en plus, que toutes les idées conservatrices de l'ordre social sont éminemment unies dans l'esprit de ce prince à l'amour de l'indépendance et de la liberté de son pays.

« Messieurs, disait-il dans la dernière séance de cette session, pendant laquelle avait eu lieu, de la part de la France constitutionnelle, l'invasion de la péninsule espagnole au bénéfice du pouvoir ab-

solu, la liberté, en fournissant à l'homme la connaissance de la dignité de son être, lui donne la
force et la résignation de supporter avec patience
les vicissitudes de la vie; mais cette liberté dispa-
raît bientôt, lorsque le gouvernement n'est pas
investi d'une autorité assez étendue pour conserver au peuple ce qu'il a pu acquérir.

» Vous avez vu les événemens qui ont affligé les
pays les plus florissans de l'Europe; lorsqu'on agite
les états, c'est toujours le peuple qui souffre le
plus. Cette conviction doit nous déterminer à ne
jamais perdre de vue son bien-être et sa tranquillité. Le premier des biens qu'il a droit d'exiger de
nous, c'est son repos intérieur, et, pour l'obtenir,
sa voix nous commande de faire exécuter, sans
distinction, les lois qui sont sa sauvegarde.

» Nous ressentons l'heureuse influence d'une position presque insulaire; si cependant, les lois
qui nous régissent n'ont pas acquis le degré de perfection qu'on peut désirer, ce n'est qu'au temps à
y amener des changemens. Vouloir les opérer brusquement, ce serait mettre en problème tous les avantages du présent, et les belles espérances de l'avenir.

» Les peuples ont leur caractère particulier; précipiter la marche naturelle de leur génie, c'est les
exposer à des catastrophes dont le temps présent
nous fournit des preuves irrécusables.

» J'ai suivi le même système de circonspection
dans l'application de nos devoirs réciproques, et
j'ai dû me refuser à toute interprétation partielle
de nos lois fondamentales. Ne voulant que conserver mes attributions légales, sans empiéter sur les
vôtres, je serai toujours disposé à me concerter
avec vous sur tout ce qui peut donner plus de
clarté à notre pacte et nous conduire ainsi à augmenter successivement la prospérité publique
d'une manière solidaire et complètement unie...»

Une constitution conçue d'après les principes
qui, de temps immémorial, avaient dirigé le gouvernement de la Suède, avait été donnée à ce
royaume le 7 juin 1809 par Charles XIII, prince
qui, par ses vues bienfaisantes et libérales et surtout par l'heureuse pensée d'appeler Charles Jean
à sa succession de la couronne, avait acquis des
droits si légitimes à la confiance et à l'amour de sa
noble nation.

Après la réunion de la Norwège à la Suède, il
parut convenir de fonder sur les mêmes bases le
système de gouvernement des deux royaumes,
dont le premier, jusque-là attaché à la couronne
de Danemarck, avait suivi les diverses fortunes de
cet état, et se trouvait maintenant, par suite de
l'acte du 10 janvier 1661, soumis à un sceptre
absolu. Charles XIII donna donc, le 4 novembre

1814, une constitution représentative à la Norwège
qui, dès-lors, participa à tous les avantages dont
jouissait la Suède. Néanmoins, au milieu de l'empressement avec lequel ce travail fut fait, et qui
sans doute, dans sa première chaleur, ne permit
pas de consulter suffisamment les intérêts des puissances européennes, il paraît que quelques dispositions trop démocratiques avaient été introduites
dans cette charte. Ces dispositions, qui tranchaient
d'une manière trop positive avec le principe mo-
narchique, base de tous les gouvernemens de l'Europe, en y comprenant ceux qui ont admis les formes représentatives et celui de la Suède elle-même,
alarmèrent quelques cabinets étrangers et moti-
vèrent, de leur part, des observations au gouvernement suédois, qui, jointes à l'expérience déjà
faite par le cabinet de Stockholm, des inconvéniens
réels et peut-être même des dangers que pourrait
amener dans l'intérieur la prolongation d'un tel
état de choses, décidèrent le Roi à reconnaître
l'urgence de certaines modifications qui devaient
remettre le gouvernement de la Norwège en harmonie avec ceux du reste de l'Europe, et à effectuer
ces modifications aussitôt qu'il lui serait possible,
mais néanmoins sans précipitation.

La nomination du prince Royal de Suède, alors
âgé de 26 ans, aux hautes fonctions de vice-roi de

Norwège, fut la première conséquence de cette résolution; elle eut lieu le 12 février 1824. Ce prince, que les dispositions les plus heureuses et les plus bienveillantes, les qualités les plus distinguées; une aptitude et une application égales au travail, une confiance sans réserve dans les lumières et l'expérience de son auguste père, des connaissances déjà acquises sur le pays qu'il allait gouverner, et, par-dessus tout, un absolu dévouement à la gloire, aux libertés, et aux intérêts de la patrie suédoise et norwégienne rendaient si propre à cette mission de conciliation et de paix, fit, le 11 avril suivant, en qualité de vice-roi, son entrée solennelle àChristiania, où le Storthing, qui avait ouvert la session dès le 9 mars, avait entendu avec beaucoup de mécontentement et d'impatience le discours du trône, qui annonçait la nécessité de quelques changemens dans la loi fondamentale.

Ce discours est d'une trop haute importance, il a trop évidemment décidé du repos et du bonheur des deux Royaumes-Unis, et trop de justice a été rendue plus tard aux sages prévisions de l'habile monarque, pour que nous nous bornions à donner à nos lecteurs un simple extrait de ce document; le voici tout entier.

Messieurs !

La loi fondamentale, en vertu de laquelle vous
êtes convoqués en storthing ordinaire, indique à
chacun de vous ses devoirs et ses droits. C'est
moins des obligations qu'elle impose, que du patriotisme éclairé et de la bonne foi de ses représentans, que le peuple attend sa tranquillité intérieure et sa considération au dehors. Ce n'est encore
que par une parfaite union entre ses délégués et
le chef de l'état, qu'il peut jouir des effets bienfaisans de sa constitution. C'est sous ces heureux
auspices que je vous adresse mon salut royal, en
ouvrant aujourd'hui vos séances.

L'exposé qui vous sera fait de la situation du
royaume vous instruira en détail, de l'effet salutaire qu'a produit la confiance du dernier storthing
envers le gouvernement. L'agriculture a pris un
grand accroissement et le commerce s'est soutenu.
De nouvelles routes de communication ont favorisé
les intérêts communs de deux peuples frères. Les
finances de l'état ont été administrées avec tant de
régularité, que je n'ai pas eu besoin de me prévaloir de l'emprunt qui m'était ouvert sur la banque:
et l'engagement politique que nous avions pris
avec le Danemarck a été rempli d'après les bases
posées par le storthing de 1821.

Il nous reste à améliorer notre pacte social; vous allez déliberer sur les changemens qui ont déjà été proposés au dernier storthing. J'en appelle à la conviction de chacun pour juger de leur utilité. Un gouvernement paternel s'attache à éclairer les citoyens, et c'est à leur jugement à reconnaître l'urgence des mesures dont il a donné l'initiative.

Si la volonté absolue du chef doit être aussitôt exécutée sur le champ de bataille, il n'en est pas de même lorsqu'il s'agit de constituer les nations. C'est dans le calme, la méditation, l'éloignement de tout intérêt particulier, et en maîtrisant à propos leurs volontés, que les hommes parviennent à se donner des institutions analogues à leur localité et à leur caractère. La concorde est la condition principale pour amener, en dernier résultat, un bonheur réel.

L'organisation d'un pays doit poser un équilibre parfait entre le souverain et l'assemblée législative. Cet équilibre, base essentielle d'une confiance mutuelle, est consigné dans l'esprit de notre loi fondamentale, et le peuple, qui investit ses législateurs du droit de proposition, désire en même temps que son chef permanent et héréditaire sanctionne, de son côté, les lois qu'il trouve justes et utiles. Je dois donc vous répéter ce que j'ai dit à la clôture du storthing de 1821 : — « Que ce n'est

» qu'après un examen réfléchi de mes devoirs et
» des besoins de la nation, que je vous ai fait re-
» mettre les différentes propositions pour des chan-
» gemens dans l'acte constitutionnel.»

C'est à vous à examiner ce qui est d'un besoin
immédiat et ce qui pourrait être l'objet de plus
longues réflexions. C'est à vous à prévoir les inconvéniens qui pourront naître, si des entraves, qui
ne sont point admises par l'esprit de la constitution,
empêchent le gouvernement de procurer au peuple tout ce que notre état social réclame.

Dans le nombre des changemens proposés , celui qui concerne le § 79 est surtout d'une grande
importance. La nécessité de mettre ce § en harmonie avec les §§ 1 et 3 est évidente, et je vous invite, Messieurs, à vous occuper de cet objet avec
l'attention qui doit caractériser les représentations.
des pays policés.

En jetant vos regards au-delà de notre cercle,
qu'une noble pensée élève vos ames et préside à
vos délibérations ainsi qu'aux résolutions que vous
allez prendre. Vous reconnaîtrez alors, j'en suis
sûr, que la justice et la modération sont les bases
essentielles de la force des assemblées constitutionnelles.

Exercez, Messieurs, ces belles vertus; et lorsque
vos séances seront closes, vous trouverez votre

récompense dans la conviction d'avoir rémpli vos
devoirs, dans la bienveillance de votre roi, et dans
la reconnaissance de vos concitoyens.

Les communications que j'avais faites au dernier
storthing extraordinaire, au sujet de l'union projetée
entre mon fils et la princesse Joséphine-Maximilienne-Eugénie de Leuchtenberg, ont été accom-
plies. Le mariage a été célébré à Stockholm le 19
juin de l'année passée, en présence des États-Généraux de Suède et des députés nommés par le
storthing de Norwège.

Nos relations avec toutes les puissances sont
amicales, et nous continuons de jouir de l'heureuse
influence de la neutralité et de la paix. Mes efforts
tendent à en assurer la durée.

Une agitation fort vive, mais qu'avait bien prévue
le monarque, se manifesta dans cette assemblée,
à la suite de ce discours. Le passage presque subit
de l'esclavage à la liberté avait électrisé un grand
nombre de têtes nouvellement appelées à prendre
part à la discussion des affaires publiques. L'exaltation s'était emparée de plusieurs d'entr'elles. Sans
expérience des dangers que, sous le nom de liberté, la licence ne manque jamais· d'entraîner à
sa suite, des hommes, égarés par les fausses idées
d'une perfectibilité idéale que n'admet pas la nature humaine et dont le rêve est le plus dangereux

ennemi du bien, dominaient l'assemblée, résolus
à faire repousser par elle les propositions du roi,
ainsi qu'elles le furent, en effet, dans la séance du
22 mai suivant (1824).

Nous avons dit plus haut que ce fâcheux résultat
avait été prévu depuis long-temps par Charles XIV,
et nous en trouvons la preuve dans une lettre que
ce monarque, bien instruit de la disposition des
esprits en Norwège, adressait, en date du 3 avril,
au prince royal, qui arrivait alors à Christiania. Nous
ne nous pardonnerions pas de retrancher un seul
mot de cette lettre, ou plutôt de ces instructions,
qui, en admettant les modifications résultant des
temps et des lieux, peuvent être considérées comme
un chef-d'œuvre de haute politique et de philosophie pratique à l'usage des princes. Nous croyons
que ce document, où les principes les plus élevés
du droit public et les intérêts les plus confidentiels
de la famille sont traités avec la dignité du souverain
qui commande et toute la simplicité du père et de
l'ami qui conseillent, est resté inédit jusqu'à ce
jour. Il nous semble que bien qu'avec une grande
supériorité de vues, d'observations, de pensées et
de sentimens généreux, résultant, en faveur du
monarque suédois, de la différence des caractères plus encore que de celle des positions, ce
document peut être, en plusieurs points, com-

paré aux instructions données par Louis XIV au
duc d'Anjou, allant occuper le trône d'Espagne ;
et la raison de cette supériorité s'explique tout naturellement entre le monarque absolu de la France
disant « *l'État, c'est moi*, » et le monarque constitutionnel de la Suède déclarant, dans un tout autre
esprit et avec un orgueil bien autrement noble et
légitime, au sein des états-généraux, que « *lui,
c'est* L'ÉTAT » ou en d'autres termes « qu'il ne respire
et ne vit que pour le peuple. »

LETTRE DU ROI DE SUÈDE,

AU PRINCE-ROYAL, VICE-ROI DE NORWÈGE.

Stockholm, le 3 avril 1824.

Mon cher Oscar,

Au moment de ton départ pour la Norwège, j'ai
pensé qu'il ne te serait pas indifférent de lire quelques idées qui pourront te servir d'instruction pour
ta règle de conduite dans les conjonctures où tu vas
désormais te trouver. Tu seras, dans plusieurs occasions, isolé et abandonné à toi-même, ne pouvant
pas te réfugier, comme tu l'as fait jusqu'ici, sur le
sein paternel, et obligé sans cesse d'étudier les
hommes et de te préserver de leur versatilité, en

tâchant de connaître les choses. J'ai donc pensé,
dis-je, qu'éloigné de ton ami, de celui qui attache
son bonheur et sa gloire à la réussite de tes entre-
prises, tu trouverais quelque utilité à porter tes regards et à asseoir tes pensées sur les réflexions sui-
vantes ; elles m'ont été suggérées par les évènemens
qui se sont passés sous mes yeux, par la lecture
de l'histoire du monde, et particulièrement de celle
du nord.

Le caractère des Norwégiens t'est connu ; tu l'as
étudié dès ton adolescence. La nation est loyale,
hospitalière et généreuse ; ayant eu peu de contact
avec le reste de l'Europe, elle a conservé ses mœurs
et elle tient à ses vieux usages. —Chez les peuples
du nord, plus qu'ailleurs, l'habitude est une seconde nature, et leur caractère n'ayant pas la même
mobilité qu'on trouve dans le sud, lorsqu'ils ont
accordé leur confiance à un prince, il faut qu'il
commette bien des fautes ou qu'il devienne bien
malheureux, pour que l'intérêt qu'il a inspiré
d'abord disparaisse tout-à-fait. Montesquieu a dit :
que l'honneur, inconnu aux états despotiques, où
même souvent on n'a pas de mot pour l'exprimer,
règne dans les monarchies ; il y donne la vie à tout
le corps politique, aux lois et aux vertus mêmes.
—Cependant les Norwégiens ont donné tant d'exemples de fidélité au gouvernement absolu, pendant

un siècle et demi, que nous sommes forcés de reconnaître que l'honneur a été pour beaucoup dans
la constance de cette fidélité politique. — Les convulsions qui affligeaient l'Europe n'avaient pas pris
racine chez eux, et, malgré quelques brouillons, ils
n'ont jamais été en révolte contre leur chef absolu.
— S'ils se sont insurgés contre le roi de Suède,
devenu leur souverain par le traité de Kiel, c'est
l'héritier de la monarchie danoise qui les y a engagés, et nous devons dire pour l'excuse de ce peuple, qu'il a cru agir d'après la volonté du roi de
Danemarck. Ce qui prouve en sa faveur encore,
c'est que, malgré l'excès d'indulgence du gouvernement en 1815, 1816 et 1817, malgré la licence
de la presse et l'insouciance des administrateurs en
général, la masse des citoyens n'a jamais manqué
ni de respect ni de fidélité envers ses nouveaux
princes. Ceci ne doit jamais s'effacer de notre mémoire. On trouve parfois dans ces climats glacés
des esprits dont la vivacité est accompagnée de peu
de jugement. La légèreté de telles gens n'est pas
moins dangereuse dans l'administration des affaires
publiques que la méchanceté et la fourberie de
bien d'autres, — Tu connais l'espèce d'aristocratie
qui a pris racine en Norwège malgré qu'il n'y existe
plus de noblesse. Tu trouveras là, comme partout,
certains personnages qui, n'ayant pas assez de lu-

mières pour se conduire eux-mêmes, pensent en
avoir trop pour réclamer celles des autres, et ont
la dangereuse prétention de vouloir donner des
conseils au prince. —Il y en a beaucoup qui, fer-
tiles en inventions et en pensées, sont si variables
dans leurs desseins, que ceux du soir ne ressem-
blent nullement à ceux du matin. —Ce sont ces
hommes dont il faudra te méfier, en évitant toutefois de leur laisser pénétrer la connaissance que tu
as de leur caractère. La constance des hommes est
une si grande qualité que, malgré que très-peu
d'entr'eux en soient gratifiés, c'est un crime à leurs
yeux d'avoir pénétré leur légèreté.

Méfie-toi encore de ces esprits forts, ou de ce
qu'on appelle vulgairement grands esprits. —Ceux-
ci sont plus dangereux qu'utiles. Le maniement
des affaires leur est totalement étranger. Ils res-
semblent au vif-argent et ne s'arrêtent nulle part.

Si l'humilité et la modestie sont des vertus essentielles pour ceux qui sont destinés à la conduite
des états, la présomption est un des plus grands
défauts qui puissent affliger les hommes revêtus de
charges publiques, surtout dans les places éminen-
tes. Plus un esprit est élevé et moins il doit dédai-
gner les conseils des personnes placées près de lui;
mais ces conseils ne doivent jamais être une règle
fixe pour le prince. —Il doit les peser avant de les

admettre ou de les rejeter, et si, par cet examen,
il est convaincu que ces conseils valent mieux que
les projets qu'il a conçus lui-même, il doit se les
approprier comme provenant de sa propre réflexion,
car il y a souvent autant de mérite à reconnaître ce
qui est utile, quand on court personnellement les
chances de la non-réussite, qu'il peut s'en trouver
dans la hardiesse d'une idée qui est jetée d'abord
comme un conseil, sans que celui qui l'a produite
ait eu le temps de la peser et de l'approfondir.

Le plus habile homme du monde doit toujours
écouter l'avis même de ceux qu'il pense être moins
habiles que lui, dès le moment qu'il les a appelés
dans ses conseils. Il est de la prudence du prince
de parler peu; il est aussi de son intérêt d'écouter
beaucoup; il profite alors de toutes sortes d'avis;
les bons sont utiles pour eux-mêmes et les mauvais
font ressortir les bons.

Ce qui est bien dangereux au gouvernement d'un
état, c'est une conscience trop craintive et trop
scrupuleuse. Il est vrai que quand on manque de
conscience on commet beaucoup d'injustices et de
cruautés, mais le scrupule peut aussi produire beaucoup d'émotions et d'indulgences préjudiciables au
public. Ceux qui tremblent devant les principes et
les choses les plus assurées, dans la crainte de se
compromettre, perdent souvent les états qu'ils

auraient pu sauver avec eux-mêmes. La probité
d'un homme d'état n'est pas toujours d'accord avec
uue rigueur permanente. Cette rigueur est souvent
compagne de l'injustice et il faut la distinguer
d'une certaine sévérité dont on doit user par nécessité dans beaucoup de circonstances. — Lorsque
cette sévérité est commandée par l'intérêt général,
elle nous enjoint d'être inexorables. Une probité
noble, un caractère ouvert et franc obligent de refuser hardiment ceux qui ont des prétentions exa-
gérées. —Tu dois contracter cette habitude. —Tu
dois aussi examiner les personnes qui sont employées au gouvernement de l'état, afin de démêler
si elles pensent et si elles marchent de concert avec
lui, si elles agissent de même et si elles tiennent
un langage conforme au sien.—Si quelqu'un, agissant bien en effet, parle plus faiblement que les
autres, il manque de probité politique, et il charge
de la haine d'autrui ceux dont la franchise des paroles est correspondante à la fermeté des actions.

Dans tous les pays et principalement dans les
pays constitutionnels, dans ceux surtout qui ont
éprouvé des révolutions, il se trouve plus de gens
qui se plaignent des désordres, qu'on n'en trouve
qui veuillent s'occuper des moyens de les faire disparaître. La probité d'un conseiller d'état doit être
active ; elle dédaigne la plainte et s'attache aux ob-

jets solides dont le public peut tirer avantage. Cette probité s'efforce de démasquer ceux qui, n'ayant que le bien de l'état dans la bouche, ont dans le cœur une ambition tellement déréglée qu'aucun frein n'arrête leurs désirs, et que rien ne les satisfait ni ne les contente.

Une longue paix a éloigné la nation norwégienne de son antique penchant pour la gloire militaire, nous devons donc nous attacher à lui faire faire des progrès dans tout ce qui tient à l'art de la guerre, si éminement nécessaire; car, de nos jours, un état qui n'a point d'armée est à la merci du premier occupant. Tancrède de Hauteville subjugua la Sicile avec une trentaine de Normands; si la Sicile avait eu un esprit guerrier, si elle avait eu quelques compagnies permanentes, elle aurait mis fin, dès le premier débarquement, aux aventures de ces hommes étonnans. —Les héros du nord se faisaient redouter de la France et des côtes maritimes de l'Europe dans le moyen âge. —Sans vouloir ramener ce temps-là, il est nécessaire de persuader aux Norwégiens que ce ne sont point les harangues de la tribune ni les toasts portés aux banquets, qui donnent ni qui conservent l'indépendance aux états. —Le monde n'est pas libre parce qu'on porte un toast à sa liberté. —L'empire le plus puissant ne saurait se vanter de jouir d'un repos assuré, s'il n'est en état de se garantir, en tout temps, d'une invasion subite et d'une surprise imprévue. — Qui a la force a toujours raison en matière d'état, et celui qui est faible peut difficilement s'exempter d'avoir tort, au jugement de la plus grande partie du monde. Le grand Frédéric disait : « *Pour faire la guerre il faut de l'argent, de l'argent et encore de l'argent.* » — C'est qu'il savait qu'avec de l'argent on obtient des soldats. Aussi je préfère dire avec Machiavel, sans cependant admettre ses principes de gouvernement : « *Pour faire la guerre il faut des hommes, des hommes et encore des hommes.* » Avec des hommes l'on est maître des ressources des vaincus et on leur ôte tout moyen de corruption. — Ainsi, quand tu feras la guerre, ménage le sang de tes soldats et soigne-les dans leurs maladies; évite les petits combats, mais expose à propos ton armée lorsqu'il s'agira de la gloire et du sort de la patrie. — Beaucoup de batailles ont été perdues parce qu'on a voulu trop ménager quelques corps d'élite.

L'intérêt public oblige celui qui a la conduite des états à les gouverner en sorte qu'il ait les moyens de les garantir, non-seulement de tout le mal qui peut s'éviter, mais encore de l'appréhension qu'ils en pourraient avoir. — La raison veut qu'il y ait une proportion entre ce qui soutient et ce qui est soutenu. — Il s'en suit que le chef d'un état constitutionnel ne doit jamais hésiter quand il s'agit de maintenir l'équilibre politique et que cet équilibre n'est assuré que par l'exécution ponctuelle et religieuse de la loi. — Un chef absolu peut, sans inconvénient et sans danger, se relâcher parfois sur l'exécution rigoureuse des lois qu'il a promulguées.—Il modifie ou aggrave à son gré les punitions; tout ce qu'il concède est une faveur et un abandon de sa puissance; l'état réside dans lui seul, et les individus composant cet état sont obligés de se conformer à sa volonté; tandis que, sous un régime constitutionnel, le prince n'est autre chose que l'exécuteur d'un pacte passé entre lui et le peuple, et non le régulateur des volontés de ce même peuple ; car, du moment que cette volonté est consignée dans un acte, quel que soit le nom qu'il porte, il en résulte que les lois qui en sont émanées ayant obtenu la sanction réciproque de la nation et de son chef, celui-ci doit exiger que ces mêmes lois, qui sont la sauvegarde de l'état et la garantie de chaque citoyen, soient maintenues et respectées sans que personne ait le droit d'y contrevenir. — Il faut, à cet effet, qu'elles soient claires et intelligibles, afin que leur justice soit évidente aux yeux de la simple raison. C'est alors qu'on peut être inexorable envers ceux qui les violent. — Si quelques exemples n'arrêtent pas le cours de la désobéissance, la continuité des punitions l'emporte. Il en est dans l'ordre civil comme dans l'état militaire : la persévérance civilise les nations ; elle établit la discipline dans les armées ; il s'en suit que si l'on châtie ceux qui manqueront à leurs devoirs et à leurs obligations, on en châtiera peu, car il n'est pas dans la nature de l'homme de s'exposer à une punition qu'il sait être inévitable. — Cependant je suis loin de te conseiller de mener les hommes par des voies extrêmes ; — on doit toujours employer avec ménagement les moyens que la nature nous donne pour les conduire. — La fermeté, la sévérité même, ne sont classées au premier rang des vertus civiques qui caractérisent un prince, que lorsqu'elles sont employées à propos. — En examinant la cause de tous les relâchemens, l'on reconnaît qu'ils proviennent de l'impunité des crimes et non pas de la modération des peines. Il s'agit donc d'appliquer celles-ci à temps et aussi promptement que les formes peuvent le permettre, afin de frapper d'abord le délinquant et en imposer ensuite à ses amis et à ses partisans.

Les finances sont le nerf de l'état; il est important de bien connaître la recette et la dépense, de créer des ressources suffisantes pour couvrir les besoins sans qu'elles soient onéreuses pour la nation, et de les employer avec discernement. — Il faut qu'un état soit économe tous les jours et magnifique par circonstance.

La religion est la sauvegarde d'un peuple. Le prince doit être religieux par principe, et ce principe doit se développer chaque jour. Son exemple est la principale éducation de la nation qu'il gouverne. — Que le prince soit chrétien, philosophe et guerrier, son peuple sera naturellement religieux, éclairé et brave. »

Depuis cette époque, qui a été, pour la Norwège, celle d'une crise salutaire, tout a marché, dans les deux royaumes, avec une admirable régularité. Le monarque aussi habile que loyal, et dont les paroles et les actes ne cessent d'être dans une parfaite concordance, a obtenu, par la franchise et la persévérance de ses efforts, de nouveaux droits à la confiance et à l'amour d'une nation qui connaît bien tout ce qu'elle doit à son prince et qui lui paie noblement la dette de sa reconnaissance. Les états-généraux ayant été réunis à Stockholm le 15 novembre 1828, un exposé fidèle de l'administration du royaume leur a été présenté, à la suite d'un discours du Prince Royal, qui a comblé les vœux et les espérances des Suédois. Rien n'a été oublié dans ce compte rendu par le père de famille à ses en-

l'ans. Au dehors, maintien de l'indépendance nationale et des relations pacifiques avec les puissances
étrangères; au dedans, régularité dans la marche
de l'administration. La Justice et la Liberté se prêtent un appui mutuel; l'Industrie et le Commerce
sont dans un état florissant; l'Agriculture se per-
fectionne; les terres se divisent; le nombre des
propriétaires s'augmente; des travaux s'exécutent
pour le perfectionnement des routes, des canaux,
et pour le nettoiement des rivières qui doit faciliter
les communications entre les différentes provinces;
l'état des finances est satisfaisant; deux millions
sont déposés au comptoir d'amortissement; cinq
sont en réserve, et la banque a augmenté ses fonds
de près d'un million d'écus; l'armée seule éprouve
encore de grands besoins, mais les mesures, pour
y remédier, sont soumises à l'assemblée. Cet état
de la Suède, à la fin de la onzième année du règne
de Charles XIV, ressemble bien peu à celui où l'a-
vait laissée Charles XII. Tous deux furent des princes guerriers, mais tous deux différèrent dans la
manière dont ils entendirent la guerre. Charles XII,
jeune, orgueilleux, sans expérience, vit en elle un
moyen de conquête et d'agrandissement; et l'on
sait quelle fut sa destinée. Charles XIV, guerrier
non moins illustre, mais prince habile, philosophe, connaissant quelle est la vraie gloire des

1ois, et bien éclairé par une expérience d'un demi-
siècle, sur les intérêts des peuples, ne l'entreprit
que pour sauver de l'oppression d'un conquérant
l'indépendance et la liberté de sa patrie; et le peuple qu'il gouverne est le peuple le plus libre et
le plus heureux de l'Europe.

Charles XIV a pu reconnaître, dans ces derniers
temps, combien il est cher au peuple pour lequel,
selon sa noble expression, « il veut vivre et mourir.»

Ce prince et la reine s'étaient rendus le 3 octobre (1829), au château de Drottningolm, résidence
d'été du prince royal et de son épouse. A son retour
dans la capitale, le roi éprouva quelques accès de
fièvre qui augmentèrent d'intensité pendant la nuit
et furent accompagnés de vomissemens. Ces acci-
dens s'étaient calmés le lendemain, mais, depuis
lors, le roi avait été attaqué d'une fièvre intermit-
tente qui l'avait forcé à garder le lit. Le mal avait
cependant diminué les jours suivans, et le 7, un
bulletin qui combla de joie la capitale, que la maladie
du roi avait jetée dans les plus vives alarmes, annonça que « Sa Majesté se trouvait beaucoup mieux
et n'avait plus de fièvre. » Aux démonstrations de
l'allégresse publique qui éclataient de toutes parts,
on eût cru que la patrie venait d'échapper à un
grand danger, et cela n'était que trop vrai en effet,
car, pendant quelques années encore, le repos et

le bonheur de la Suède seront étroitement liés à
la conservation des jours de son monarque. Pendant ces jours d'anxiété et d'alarmes, le sentiment
national avait été vivement partagé par les états-généraux, et, le 3 novembre, une députation des
quatre chambres de la Diète, ayant été chargée de
porter au roi les félicitations de ce corps sur son
retour à la santé, ce prince lui répondit, entr'autres
choses : « L'intérêt qu'on prend à ma situation m'a
comblé de gratitude : il est infiniment agréable pour
un prince de savoir qu'il est aimé, mais ce bonheur
s'augmente encore par la certitude d'avoir tout fait
pour mériter cet amour. La Providence a fixé le
terme de notre carrière ; le chrétien l'attend avec
résignation, sans le désirer mais aussi sans le craindre ; et lorsqu'enfin on a ressenti les approches
de la mort, on sait mieux apprécier à leur juste
valeur les vicissitudes de la vie. Rendu de nouveau
à la santé, les jours qui me sont encore accordés
seront consacrés au bien-être de mes sujets. Le
même zèle pour le bonheur de tous, la même fermeté pour le maintien de la loi, le même respect
pour la liberté individuelle guideront constamment mes actions, et le ciel y répandra, je l'espère, ses bénédictions !... »

Nous ne pouvons résister au plaisir de terminer
cette notice par l'extrait des observations d'un

voyageur anglais sur la cour de Stockholm. On reconnaîtra à toutes les lignes de ce récit, fait avec franchise et simplicité, l'excellent prince que la Suède et la Norwège saluent des acclamations de leur amour et de leur reconnaissance, et en qui tous les hommes éclairés de l'Europe admirent le plus parfait modèle d'un monarque légitime et constitutionnel.

« Pendant un séjour que je fis dernièrement à Stockholm, Charles XIV me donna une audience particulière, et il fit voir les égards qu'il a pour les convenances des autres, en me faisant écrire, le matin du jour où je devais lui être présenté, qu'il ne pouvait me recevoir qu'une heure après celle qui avait d'abord été indiquée pour mon rendez-vous. Quand j'arrivai au palais, il n'était gardé que par une seule sentinelle. Après avoir traversé de grands vestibules, je me trouvai au pied d'un magnifique escalier qui me conduisit à une vaste salle où je fus fort embarrassé, car je n'y vis personne pour m'indiquer la direction que je devais prendre. J'étais entouré de porphyre, de jaspe, de marbre, de statues, de peintures ; mais on aurait dit le palais de la mort, tant la solitude y était profonde. A la fin, cependant, je vis entrer un valet-de-pied qui portait la livrée du roi ; il me conduisit dans une pièce où je trouvai un

certain nombre d'officiers avec lesquels je m'en-
tretins agréablement pendant un quart d'heure.
Nos commérages militaires m'avaient presque fait
oublier le roi, lorsqu'un chambellan entra, me fit
traverser la salle du conseil où tous les grands officiers de l'état étaient réunis, et me conduisit dans
la salle de présentation, où il me quitta *sans céré-
monie*. Cette salle était une longue galerie remplie
de tableaux et de sculptures taillées dans ces belles
roches qui se trouvent en Suède en si grande abon-
dance.

» Quand le roi m'aperçut, il quitta quelques
personnes avec lesquelles il s'entretenait, et vint
à moi avec une familiarité qui n'avait rien d'affecté.
Il paraissait, en parlant, s'interdire tous ces lieux
communs de cour qui en complètent en quelque
sorte le cérémonial, et qui rendent si fastidieuses
et si vides la plupart des conversations de souverains. Ses questions portèrent de suite sur des objets d'un intérêt positif. Il me parla de la Suède.
« Vous verrez, me dit-il, quelle est l'heureuse situation de mon pays; vous n'y rencontrerez pas un
seul gendarme; mon peuple est moral, heureux,
paisible ; la conscription s'y fait sans qu'on emploie
jamais la contrainte. Dans l'intérieur des églises,
on notifie l'époque à laquelle chacun doit payer
sa taxe, et le contribuable apporte lui-même son

argent, ce qui épargne presque tous les frais de la perception. En Hollande, terme moyen, le contribuable paie 18 pour cent de son revenu ; en Prusse, 12 pour cent ; en Danemarck, 12 ; et en Suède il ne paie que 5. En Angleterre, vous payez bien davantage que partout ailleurs, mais vous êtes la nation la plus riche du monde. » On m'a dit depuis que, lorsque le roi recevait des étrangers, il leur faisait presque toujours ces rapprochemens entre les contributions de la Suède et celle des autres pays. La modération de l'impôt, dans les deux états qu'il gouverne, est la chose dont, à juste titre, il paraît le plus fier.

» Sa Majesté entra ensuite dans des détails de statistique rapides et fort intéressans, sur la Suède, ses pêcheries, ses mines, ses forêts, son commerce ; puis il m'intretint de ses goûts et de ses plaisirs particuliers, surtout de son amour pour les fleurs, et il finit par m'engager à dîner, pour le lendemain, à sa Villa-Botanique, sa résidence de prédilection, et celle où il invite d'ordinaire, pendant l'été, les personnes qu'on lui présente.

» Dans le cours de ma vie, j'ai vu beaucoup de rois, mais je n'en ai rencontré aucun qui eût ce genre de conversation, à la fois familier et noble, et qui parût mieux comprendre les obligations que lui impose son haut rang. Je ne veux pas cependant blesser l'orgueil des vieilles dynasties, et conclure témérairement, de l'exemple de Charles XIV, qu'on est d'autant plus propre au trône qu'on n'était pas destiné à y monter.

»Je n'oublierai jamais cette profusion de cheveux noirs dont la tête du roi de Suède est encore couverte, quoiqu'il ait actuellement près de soixante-cinq ans; son nez aquilin, son grand front, et ce regard vif et pénétrant qui arrêterait l'attention générale, alors même qu'on le trouverait chez un individu ignoré. Quand il parle, chaque muscle de sa figure et de son corps est en mouvement; ses questions sont précises et vont droit au but, et il semble éprouver de l'impatience quand chaque phrase ne lui apporte pas quelque instruction. On voit qu'il entend le métier de roi à la manière de Frédéric II. C'est, en un mot, si je puis m'exprimer ainsi, un *roi d'affaires.* Il est né dans la même province que Henri IV, et la finesse, la dextérité, qu'on attribue aux habitans de cette province, n'auront sans doute été inutiles ni à l'un ni à l'autre pour sortir des positions difficiles où ils se sont trouvés. Une autre analogie qui existe entre ces princes, c'est que tous deux ont changé de religion en montant sur le trône : le premier, né protestant, s'est fait catholique; le second, né catholique, est devenu protestant. »

JOSEPH-FRANÇOIS-OSCAR,

Prince royal, grand amiral, né le 4 juillet 1799 et marié le 19 juin 1823 à Joséphine-Maximilienne-Eugénie, fille du duc Eugène de Leuchtenberg et nièce du roi de Bavière, née le 14 mars 1807, est l'héritier présomptif du trône de Suède.

Ce jeune prince promet à la Suède un digne successeur de Charles XIV. Pour le bonheur des peuples qu'il est appelé à gouverner et son propre bonheur, nous pourrions réduire à un seul tous les vœux que nous formons pour lui : c'est qu'il continue à marcher, comme il l'a fait jusqu'ici, sur les traces de son illustre père, dont toutes les affections et toutes les pensées se portent aujourd'hui sur l'héritier de son trône et l'avenir de la Suède. Brave, studieux, éclairé, dévoué à la noble patrie qui, en honorant sa famille d'une adoption unanime a mis son indépendance et sa liberté à l'abri de nouvelles révolutions, le prince Oscar trouvera, de plus en plus, dans les conseils et les exemples de Charles XIV, la confiance, la force et l'énergie nécessaires pour remplir les hauts devoirs auxquels il sera un jour appelé, et dont l'amour des Suédois lui rendra l'accomplissement facile.

MINISTÈRE.

Ministre de la justice, le comte DE GYLLENBORG.

Ministre des affaires étrangères et des colonies, le comte DE WETTERSTEDT.

Secrétaire d'état pour la guerre, ad intérim, M. DE NORDENFALK.

Secrétaire d'état pour les finances, M. DE SKOGMAN.

Secrétaire d'état pour l'intérieur, M. DE DANKWARDT.

Secrétaire d'état pour le culte, M. DE KULBERG.
Chancelier de la cour, M. DE SCHULZENHEIM.
Chancelier de l'administration de la marine, le vice-amiral M. DE KLINT.

AMBASSADEURS,

MINISTRES ET CHARGÉS D'AFFAIRES

DE SUÈDE

PRÈS LES DIFFÉRENTES COURS DE L'EUROPE.

ANGLETERRE.	Le comte DE BJOERNSTJERNH, envoye extraord.
AUTRICHE.	Le comte DE LOEWENHJELM, envoyé extraord. et ministre plénipotentiaire.
BADE.	. . . .
BAVIERE.	. . . .
DANEMARCK.	M. DE HOCHSCHILD, envoyé extraordinaire.
ESPAGNE.	M. DE LORICHS, chargé d'affaires.
ÉTATS ROMAINS.	. . . .
FRANCE.	Le comte Gustave DE LOEWENHJELM, env. extr. et ministre plénipotentiaire.
PAYS-BAS.	Le commandeur baron D'OHSSON, env. extr. et ministre plénipotentiaire.
PORTUGAL.	. . . .
PRUSSE.	M. DE BRANDEL, envoyé extraord. et min. plén.
RUSSIE.	Le baron DE PALMSTJERNA, envoyé extraordinaire.
SARDAIGNE.	Le chevalier DE LAGERSWAERD, envoyé extraord. (résidant à Florence.)
SAXE.	Le baron DE BRANDEL, env. extr. et min. plénip.
TOSCANE.	Le chevalier DE LAGERSWAERD, ministre résident.
TURQUIE.	M. IBRB, chargé d'affaires.
WURTEMBERG.	. . . .

SARDAIGNE.

SARDAIGNE.

CHARLES FÉLIX, ROI.

Ce déplorable gouvernement donne l'hospitalité au curé assassin Mingrat, fait enfermer le docteur Sack pour avoir reproduit et expliqué le système de la rotation de la terre autour du soleil, établit les Jésuites, leur rend l'enseignement, et maintient la proscription des généreux citoyens qu'il a condamnés à l'échafaud pour avoir voulu, en 1820 et 21, le soustraire au joug de l'Autriche. Le 12 mai de cette année (1829) le roi et la reine de Sardaigne se sont embarqués à Gênes pour aller rendre visite au roi de Naples, qui la leur a rendue en octobre. Nous n'avons rien à dire de plus sur ces personnes royales, si ce n'est cependant à l'avantage du roi sarde sur le roi napolitain, que le premier n'a jamais voulu entendre parler de prêter les sermens dont le second s'est montré si prodigue. A cela près, même génie, même loyauté, mêmes lumières. L'heureux Piémont n'a rien à envier aux heureuses Siciles.

PRINCE HÉRÉDITAIRE.

(Voyez les Souverains de l'Europe en 1828.)

MINISTÈRE.

Ministre des affaires étrangères, le comte SALLIER DE LA TOUR.

Ministre de l'intérieur, le chevalier, président, FALQUET.

Ministre des finances, le marquis RAGGI.

Ministre de la guerre et de la marine, le général major DES GENEYS.

Secrétaire du cabinet, le comte BARBAROUX.

AMBASSADEURS,

MINISTRES ET CHARGÉS D'AFFAIRES

DE SARDAIGNE

PRÈS LES DIFFERENTES COURS DE L'EUROPE.

ANGLETERRE.   Le comte SAINT MARTIN D'AGLÉ, env. extr. et ministre plénipotentiaire.

AUTRICHE.   Le comte DE PRALORME, env. ext. et min. plén.
BADE.   . . . .
BAVIÈRE.   Le comte Aug. AVOGADRO DE COLLOBBIANO, min.
                         résident.
DANEMARCK.   M. BECKER, chargé d'affaires et agent diplom.
ESPAGNE.   Le comte SALARO DE LA MARGARITA, env. extr. et
                         ministre plénipotentiaire.
ETATS ROMAINS.   Le marquis CROSA DE VERGAGNI, env. ext. et m. pl.
FRANCE.   Le baron DE VIGNET, chargé d'affaires.
NAPLES.   Le marquis QUESADA DE St SATURNIN, env. ext. et
                         ministre plénipotentiaire.
PARME.   Le comte DE CASTELLALFER, env. ext. et min. plén.
PAYS-BAS.   Le comte ROSSI, chargé d'affaires.
PORTUGAL.   . . . .
PRUSSE.   Le chevalier SARTIRANA DE BRÈME, env. extr.
RUSSIE.   Le comte SIMONETTI, env. extr. et min. plén.
SAXE.   . . . .
SUÈDE.   M. CARTONI, consul général et agent diplom.
TOSCANE.   Le comte DE CASTELLALFER, env. ext. et min. pl.
TURQUIE.   Le marquis GROPALLO, env. ext. et min. plén.
WURTEMBERG.   . . . .

SAXE.

22

SAXE.

ANTOINE-CLÉMENT-THÉODORE, ROI.

Ce royaume, dont plusieurs provinces ont été démembrées le 18 mai 1815, pour être réunies à la Prusse, et punir ainsi son dernier souverain Frédéric-Auguste de la loyauté avec laquelle ce prince s'était montré fidèle à ses engagemens envers Napoléon malheureux, n'a point encore obtenu les formes représentatives que cet excellent prince désirait si vivement donner à son gouvernement, et dont il paraît que l'introduction eût alarmé quelques états voisins: la Saxe Royale continue à être gouvernée selon ses formes anciennes. Sa diète est basée sur le statut du comité des états du 11 mars 1828, modifié par le décret du 16 octobre 1820, fixant l'étendue du pouvoir accordé dans les diètes aux propriétaires de biens nobles. On sait que les droits des états-généraux dépendent des reversales et des promesses particulières du chef de l'état. Antoine Clément est universellement aimé d'un peuple dont les malheurs ne lui sont point imputés.

PRINCE HÉRÉDITAIRE.

(Voyez les Souverains de l'Europe en 1828.)

MINISTÈRE SAXON.

Ministre du cabinet et secrétaire d'état, le comte
DETLEV D'EINSIEDEL.
Directeur du département des affaires étrangéres,
M. DE MINCKWITZ, con. int. act. et gén.-major.

AMBASSADEURS,

MINISTRES ET CHARGÉS D'AFFAIRES

DE SAXE

PRÈS LES DIFFÉRENTES COURS DE L'EUROPE.

ANGLETERRE.	M. DE BIEDERMANN, chargé d'affaires.
AUTRICHE.	Le comte DE SCHULENBOURG-KLOSTERRODE, envoyé extraordinaire et ministre plénipotentiaire.
BADE.	. . . .

BAVIERE.   Le comte Charles d'EINSIEDEL, env. ext. et m. pl.
DANEMARCK.   M. DE MERBITZ, chargé d'affaires.
ESPAGNE.   M. DE GERSDORF, chargé d'affaires.
ÉTATS ROMAINS. . . . .
FRANCE.   Le baron DE KOENNERITZ, env. ext. et min. plén.
NAPLES. . . . .
PARME, ...
PAYS-BAS.   M. DE LINDENAU, envoyé extraord. et min. plén.
PORTUGAL. . . . .
PRUSSE.   M. DE WATZDORFF, env. extr. et min. plén.
RUSSIE.   Le comte George d'EINSIEDEL, env. ext. et m. pl.
SARDAIGNE. . . . .
SUÈDE.   M. DE MERBITZ, chargé d'affaires.
TOSCANE. . . . .
TURQUIE. . . . .
WURTEMBERG.   Baron DE WIRSING, chargé d'affaires.

WURTEMBERG.

WURTEMBERG.

GUILLAUME-FRÉDÉRIC-CHARLES, ROI.

L'acte constitutionnel, donné le 25 septembre 1819, par le roi Guillaume-Frédéric-Charles, continue à être expliqué et exécuté dans les états de ce prince, avec la loyauté la plus stricte et dans le sens des intérêts populaires. Les sujets wurtembergeois jouissent, à très-peu d'exceptions près, de toute la somme de liberté qui peut se concilier avec les droits du gouvernement, et l'on a vu, dans toutes les circonstances, le roi Guillaume montrer une inflexible énergie pour défendre l'indépendance de sa couronne et la liberté de son peuple. C'est une observation qui n'échappera point à l'observateur politique, et qui, certes, n'est pas peu honorable pour la plupart des princes de la confédération germanique, qu'au milieu des efforts tentés par quelques grandes puissances de l'Allemagne pour éteindre dans leurs états tout esprit de liberté, ces princes, malgré les insinuations et les menaces qui leur ont été adressées pour les entraîner dans la conspiration géné-

rale contre les libertés de l'Europe, ont religieusement tenu les promesses faites par eux à leurs sujets
à l'heure du danger, et encouragé ceux-ci au maintien
de leurs droits constitutionnels. Nous osons prédire
avec confiance, à ces princes généreux, que la reconnaissance des peuples sera pour eux une haute
compensation de cette partie de leurs droits, fondée sur une vieille oppression, dont ils auront fait
le sacrifice au bonheur et à la liberté de leur pays,
si, toutefois, le nom de sacrifice peut convenir au
noble abandon de droits injustes, appartenant à
des siècles barbares et contraires à la dignité de
l'homme. Aussi, est-il digne de remarque que les
principes de la civilisation, les connaissances humaines, la littérature et les arts, font tous les jours
de grands progrès et acquièrent de puissans développemens dans les états de l'Allemagne centrale,
tandis qu'une obscurité profonde, au travers de laquelle on voit à peine jaillir, de temps à autre,
quelques étincelles, dont le gouvernement s'em-
presse de dérober l'éclat à tous les yeux, s'étend
de plus en plus sur les états autrichiens et y maintient
l'absolutisme sous la protection de l'ignorance. La
liberté dont jouit, à Stuttgard, la chambre des députés, est le plus bel éloge du monarque populaire
du Wurtemberg, auquel il ne manque qu'un grand
empire à gouverner.

PRINCE HÉRÉDITAIRE.

(Voyez les Souverains de l'Europe en 1828.)

MINISTÈRE.

Président du conseil privé, M. DE OTTO.

Ministre de la justice, le baron DE MAUCKLER.

Ministre des affaires étrangères, le comte DE BE-ROLDINGEN.

Ministre des finances, le baron DE VARNBULER.

Ministre de l'intérieur et du culte, M. DE SCHMIDT-LIN, cons. privé.

Ministre de la guerre, le comte DE FRANQUEMONT.

AMBASSADEURS,

MINISTRES ET CHARGÉS D'AFFAIRES

DE WURTEMBERG

PRÈS LES DIFFÉRENTES COURS DE L'EUROPE.

ANGLETERRE.	Le comte DE MANDELSLOHE, chargé d'affaires.
AUTRICHE.	. . . . . ., env. extraord. et ministre plén.

BADE.	Le général comte DE BISMARK, env. extr. et min. plénipotentiaire.
BAVIÈRE.	Le baron DE SCHMITZ-GROLLENBURG, env. extraord.
DANEMARCK.	. . . .
ESPAGNE.	. . . .
ÉTATS ROMAINS.	M. DE KOELLE, chargé d'affaires, en même temps chargé d'af. des cours de d'Allemagne, confédérées pour les affaires de l'église catholique.
FRANCE.	Le comte DE MULLINEN, chargé d affaires.
NAPLES.	. . . .
PARME.	. . . . ,
PAYS-BAS.	M. DE WAECHTER, chargé d'affaires.
PRUSSE.	Le comte DE BISMARK, env. extr. et min. plén.
RUSSIE.	Le prince DE HOHENLOHE-KIRCHBERG, env. extr.
SARDAIGNE.	. . . .
SAXE.	Le comte DE BISMARK, env. ext. et min. plénip.
SUÈDE.	. . . .
TOSCANE.	. . . .
TURQUIE.	. . . .

BAVIÈRE.

BAVIÈRE.

LOUIS Ier, ROI.

· Noùs ne pouvons que confirmer ici, par de nouvelles preuves, ce que nous avons dit sur cet excellent prince, dans *les Souverains de l'Europe
en* 1828. Bon, éclairé, magnanime, accessible à
tous les sentimens généreux, véritable père des
peuples que la Providence a confiés à ses soins,
Louis premier fait bénir son nom et chérir son
pouvoir dans l'heureux pays qu'il gouverne et où
il a fondé la liberté constitutionnelle. Nous di-
sons que cette liberté a été fondée par lui, bien
qu'elle existât nominalement en Bavière, par l'introduction des formes représentatives faite le 26
mai 1818, dans l'administration de cet état, par le
roi Maximilien Joseph. Comme chez tous les peuples qui naissent à la liberté, on ne comprit qu'imparfaitement, en Bavière, dans les premiers instans
de l'établissement constitutionnel, le jeu si simple
et si facile de ce gouvernement, qui exige, toutefois, entre les représentans de la nation et le monarque, une bonne intelligence, une bienveillance ré-

ciproques, lesquelles ne sauraient s'établir que lorsque tous deux ont acquis, par une longue suite de
relations mutuelles, la connaissance intime et le
sentiment personnel de la loyauté de leurs intentions. Ces heureux antécédens se sont manifestés
en Bavière presqu'aussitôt que l'acte constitutionnel y a été proclamé; mais l'avènement de
Louis Ier au pouvoir a fortement consolidé l'œuvre
éclairée et bienfaisante de Maximilien-Joseph. Ce
que le peu de temps qui s'est écoulé entre la mise
en activité de la constitution bavaroise et la mort
du bon prince qui l'avait établie n'avait pas permis de faire à Maximilien, Louis, en montant sur
le trône, s'est empressé de l'accomplir. Il a, de
toutes parts, ouvert les avenues de son trône à
la vérité, et témoigné que l'unique moyen de lui
plaire était de la lui faire connaître. Les représentans de la nation ont été, surtout, invités à la dire
sans ménagement, dans les discussions des chambres législatives, et ils ont usé de ce droit avec une
étendue et une énergie non moins honorables
pour le monarque que pour eux-mêmes. Louis ne
s'est point borné à connaître ses états. Il a voulu,
en entreprenant un long et utile voyage, ajouter à
ses lumières, à son expérience, et par là même au
bonheur de son peuple. Attaché avec ferveur aux
principes religieux, source de toute morale et de

toute justice, personne n'est plus ennemi que
Louis Ier de l'intolérance et de la superstition dont
le siège principal est maintenant à Rome et à Paris. C'est dans la capitale du monde chrétien que
le monarque bavarois a voulu connaître, pénétrer,
et qu'il a appris à haïr de plus en plus les projets
violens, hypocrites et ambitieux d'une secte frappée de réprobation par le véritable esprit de
l'évangile, secte qui ne sait et ne veut gouverner
les consciences qu'à l'aide des bourreaux et des
bûchers, et qui, non contente des larmes et du sang
qu'elle a déjà coûtés à l'humanité, ne travaille,
même au milieu du brillant éclat que répandent
les lumières au dix-neuvième siècle, qu'à rétablir
son exécrable domination. Pénétré de cette grande
vérité, que la diffusion des connaissances humaines
peut seule maintenir la dignité des trônes et défendre
la liberté des peuples, Louis Ier favorise de tous ses
moyens, dans ses états, les établissemens d'instruction publique. Il sait que la culture morale et religieuse et la connaissance des droits civils ne sauraient être propagées avec trop de soin, de persévérance et d'égalité dans toutes les classes de ses
sujets, et que, pour produire des effets plus généraux, plus efficaces et plus prompts, les établissemens chargés de les répandre ne doivent pas se
borner à embrasser quelques classes isolées, mais

descendre, avec les modifications convenables, jusque dans les derniers rangs des citoyens. Le roi sait toutes ces choses ; plus qu'aucun de ses prédécesseurs, il a reconnu que la pauvreté des instituteurs primaires est un obstacle à l'instruction du peuple, aussi ce point est-il devenu l'un des sujets les plus habituels de ses méditations.

Louis Ier donne à la culture des beaux-arts, de la littérature et de la poésie, qu'il aime avec passion et dans laquelle il a obtenu des succès dont un homme de lettres serait fier, tous les momens que lui laisse l'administration de ses états. Nous regrettons vivement, après avoir lu les œuvres poétiques de ce prince, qui viennent d'être récemment publiées et traduites en français, que les proportions de cet ouvrage ne nous permettent pas d'entrer dans un examen particulier de chacune des pièces de ce recueil si intéressant, et dans lequel les pensées et les sentimens les plus généreux, les plus élevés, les plus dignes du trône, sont constamment exprimés avec autant de force et de dignité que d'élégance, de grâce et de bonheur. Quelques pièces y sont surtout empreintes de la plus douce mélancolie, et si, à la lecture de plusieurs d'entre elles, on est porté à reconnaître la haute position de l'illustre auteur ; si, dans quelques autres, l'abandon d'une rêverie aimable et qui se plaît à s'é-

garer, se fait sentir seul , on retrouve, dans toutes,
l'ame sensible et bienveillante d'un ami de l'humanité qui a long-temps et profondément réfléchi sur
ses misères.

Une nièce de ce prince, (Joséphine-Maximilienne-
Auguste), fille du duc Eugène de Leuchtenberg,
a épousé, en 1823, le prince royal de Suède.

Une autre (Amélie-Auguste-Eugène-Napoléone),
fille du même duc, a épousé, en 1829, l'empereur
du Brésil.

PRINCE HÉRÉDITAIRE.

(Voyez les Souverains de l'Europe en 1828.)

MINISTÈRE BAVAROIS.

*Ministre de la maison du roi et des affaires étran-
gères,* le comte D'ARMANNSPERG.

Ministre de la justice, le baron DE ZENTNER.

Ministre de l'intérieur, le conseiller d'état, baron DE SCHENK, par intérim.

Ministre de la guerre, le major-général et brigadier DE WEINRICH, en fonctions pour les affaires du
département de la guerre.

Ministre des finances, le comte D'ARMANNSPERG.

AMBASSADEURS,

MINISTRES ET CHARGÉS D'AFFAIRES

DE BAVIÈRE

PRÈS LES DIFFÉRENTES COURS DE L'EUROPE.

ANGLETERRE.	Le baron DE CETTO, env. extr. et min. plén.
AUTRICHE.	Le comte DE BRAY, *idem.*
BADE.	Le comte DE REIGERSBERG, *idem.*
DANEMARCK.	. . . .
ESPAGNE.	. . . .
ÉTATS-ROMAINS.	Le baron DE MALTZEN, *idem.*
FRANCE.	Le baron DE PFEFFEL, *idem.*
NAPLES.	. . . .
PARME.	. . . .
PAYS-BAS.	. . . .
PORTUGAL.	. . . .
PRUSSE.	Le comte DE LUXBOURG, *idem.*
RUSSIE.	Le baron DE GIÈSE, *idem.*
SARDAIGNE.	Le chevalier D'OLRY, ministre résident.
SAXE.	Le comte DE LUXBOURG, (voyez Berlin.)
SUÈDE.	. . . .
TOSCANE.	. . . .
TURQUIE.	. . . .
WURTEMBERG.	Le baron DE TARTPHOEUL, envoyé extraordinaire.

TABLE DES MATIÈRES.

ERRATUM.

ANGLETERRE. — *pag.* 29, *ligne* 2 : entre lesquels, *lisez :* contre lesquels.

DE L'IMPR. DE VALBANC, RUE DE LA HARPE, Nº 54.